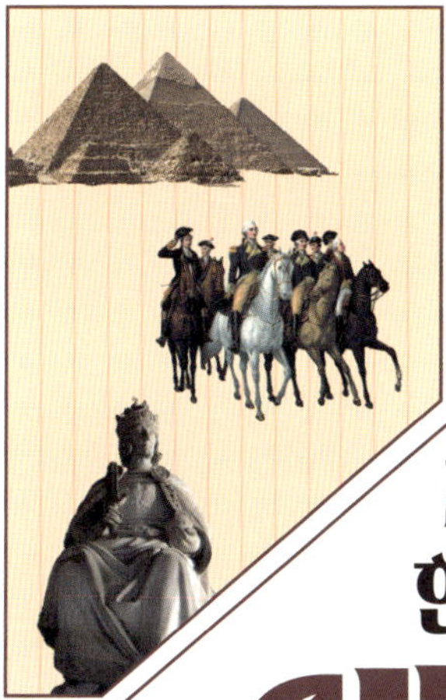

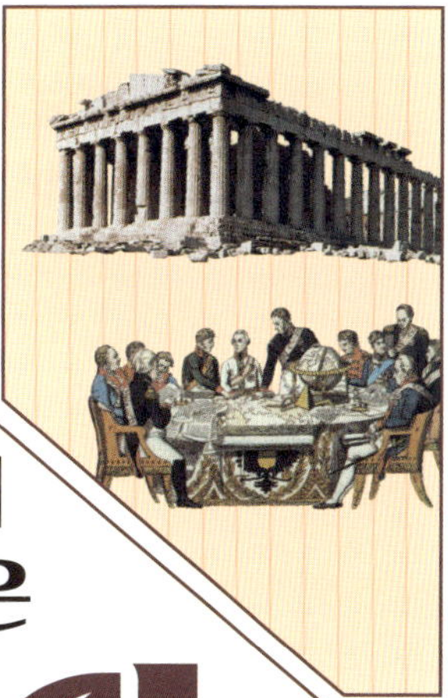

5000년
유럽사의 흐름이
단숨에 읽히는

저스티스의 한 뼘 더 깊은 세계사

유럽 편

저스티스(윤경록) 지음

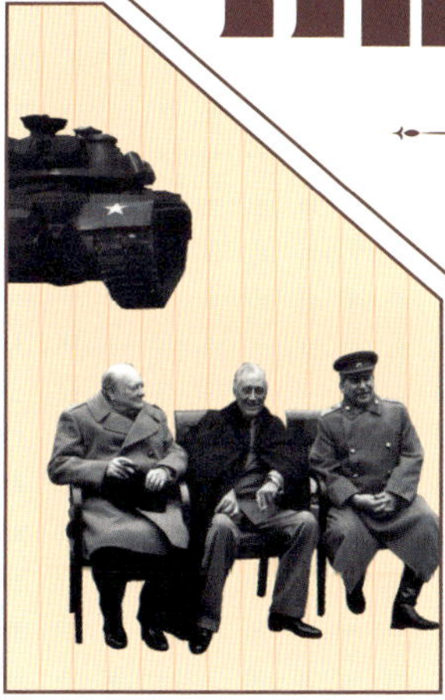

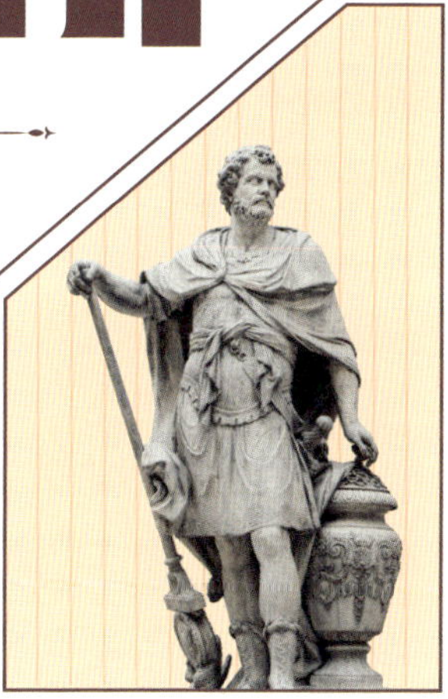

믹스커피
MIXCOFFEE

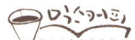

• 작가의 말 •

씨줄과 날줄처럼 얽힌
세계사를 한 뼘 더 깊게

저는 대학 졸업 후 10년 넘게 한 회사만 다닌 평범한 직장인 이었습니다. 녹록지 않은 회사 생활에서 그나마 위안이 있다면 역사책 읽기였죠. 전공이 역사였던 만큼 평소 많은 관심을 두고 있던 분야였기도 했고요.

그러던 2019년 초, 즐겨 읽는 역사책의 내용을 잊지 않고자 유튜브에 요약 내용을 저장해 놓으면 좋겠다는 생각을 했습니다. 채널명을 '저스티스의 역사여행'이라 정하고, 고등 세계사 교과과정에 있는 모든 내용을 교과서보다 조금 더 깊게 다뤄보기로 다짐하며 첫 영상을 올렸습니다.

얼마 후, 한 친구가 사진 한 장을 카톡으로 보내 왔는데 회사

동료가 제 채널의 영상을 보고 있는 모습이었습니다. 저는 무척 기쁘면서도 한편으로는 신기하기 이를 데 없었죠. 그 짜릿한 경험 이후 영상 내용을 더욱 철저히 검토하며, 역사적으로 검증이 안 된 이야기는 하지 말자고 다짐했습니다.

그렇게 유럽, 중동, 중국, 미국, 일본 등 세계사 교과서에 있는 거의 모든 내용을 만 6년이 넘도록 꾸준히 다뤄왔습니다. 그러던 중 작년 1월, 믹스커피에서 채널의 내용을 묶어 책으로 만들어 보지 않겠냐는 제안을 했습니다. 저는 흔쾌히 제안을 받아들였고, 오랜 시간이 지난 끝에 무사히 결실을 맺게 되어 감사한 마음입니다.

저는 역사가 다름 아닌 '나와의 소통'이라고 생각합니다. 그래야 흥미를 유지할 수 있기 때문이죠. 다른 누구도 아닌 내가 평소 가장 궁금해한 역사적 사건을 선택하고 그 일이 언제 어디서 누구에 의해 왜 어떻게 일어났는지 알아가는 과정은 생각 외로 많은 사실을 알려줍니다.

저의 경우 '나는 한국인인데 왜 북한에 가지 못하는 걸까?'라는 의문이 가장 큰 궁금증이었습니다. 그 궁금증을 해결하고자 한국전쟁, 일제 강점기, 19세기 중국과 일본이 서양 열강의 반식민지로 전락하는 과정 등을 역사를 거슬러 올라가며 공부했습니다. 그런 종류의 궁금증은 꼬리에 꼬리를 물기 마련이죠.

그런 의미에서 대중, 즉 구독자분들과의 소통으로 그들이 역사에 관련하여 어떤 부분에 흥미를 갖는지 알아내는 게 유튜버로서 매우 중요합니다. 너무 깊진 않지만 그렇다고 얕지도 않은 정도일 것입니다. 하지만 꽤 깊은 내용을 원하는 분들도 많더군요. 그들의 니즈도 충족될 필요가 있죠.

하여 이 책 『저스티스의 한 뼘 더 깊은 세계사(유럽 편)』은 대중의 다양한 욕구를 반영하고자 했습니다. 단순히 세계사에서 의미 있고 결정적인 사건들을 설명하는 데 그치는 게 아니라 왜 그런 사건이 일어날 수밖에 없었는지, 그 사건은 또 다른 유의미한 사건에 어떤 영향을 끼쳤는지 등을 말씀드리고 싶었습니다.

예를 들어 서로마 제국이 무너진 후 공석이 된 최고지도자 자리에 왜 교황이 들어섰는지, 교황은 왜 자신 이외에 또 다른 권력자인 황제를 임명할 수밖에 없었는지, 그런데 임명한 후에 왜 다시 싸울 수밖에 없었는지 등을 하나의 구슬처럼 꿰어질 수 있도록 하려 했습니다.

이 책이 세상에 나와 무척 기쁘고 설레는 마음입니다. 『저스티스의 한 뼘 더 깊은 세계사(유럽 편)』이 독자 여러분의 기대를 충족할 수 있길 기대합니다. '유럽 편'에서 유추할 수 있듯 이 책은 시리즈의 첫 책입니다. 앞으로 '중동, 유대 편' '중국, 유목민 편'이 이어질 예정입니다. 그 이후로도 시리즈가 계속 이어질 수 있게 최선을 다하겠습니다. 많은 사랑 부탁드려요.

첫 출간 작업을 묵묵히 응원해준 아내와 4살배기 딸 하윤이가 없었으면 이 책은 세상에 나올 수 없었을 것입니다. 사랑하는 아내와 딸에게 무한한 감사의 마음을 전합니다. 그리고 이 책이 암으로 투병 중이신 사랑하는 어머니께 큰 힘이 되길 바랍니다. 완쾌하셔서 다음 책도 봐주셨으면 좋겠습니다. 마지막으로 편하게 작업할 수 있도록 너그럽게 봐주시고 언제나 힘껏 도와주신 믹스커피 김형욱 편집장님께 감사드립니다.

2025년 4월 1일
서울 어머니 댁에서

◆ 들어가며 ◆

유럽사를 수놓은
결정적 순간들

역사는 흐르고 있습니다. 역사를 어떻게 파악할 것인가는 역사를 바라보는 개인에게 달려 있죠. 크게 볼 때, 유럽사는 서쪽으로 진출하는 역사입니다.

고대 수메르 문명이 메소포타미아 지역에서 시작되어 이집트와 동지중해를 거쳐 그리스 문명에 영향을 줬고 그리스 문명은 독자적인 철학과 예술, 정치 제도를 발전시켰으며 서쪽의 로마 제국에 큰 영향을 끼쳤습니다. 로마 제국은 이탈리아반도에서 시작해 서쪽으로 확장하며 지중해 전역을 통합했습니다.

로마 제국은 계속 비대해지자 4세기 말에 동서로 분열되었습니다. 서로마 제국은 476년에 게르만족의 대이동으로 멸망했지만, 동로마 제국(비잔티움 제국)은 1453년 오스만 제국의 침공으로 정복될 때까지 천년 넘게 존속했습니다. 서로마 제국이 무너진 이후 서유럽에는 중앙 권력의 공백이 생겼고 교황이 그 공백을 메웠죠. 교황은 종교적 권위뿐만 아니라 정치적, 군사적 권력을 행사하며 중세 유럽의 질서를 유지했습니다.

교황의 권위는 십자군 전쟁에서 절정에 달했습니다. 11세기 말부터 13세기 말까지(제9차 기준) 이어진 십자군 전쟁은 성지 예루살렘을 이슬람 세력으로부터 탈환하려는 기독교 국가들의 군사적 원정이었지만, 결과적으로 유럽의 경제와 문화 발전을 촉진하는 역할을 했죠. 유럽 상업의 부흥을 이끌었고, 그 과정에서 부유한 상인 계층인 부르주아가 등장했습니다.

새로운 경제 주체 세력인 부르주아 계층은 중세의 기독교 중심적 세계관에서 벗어나 인간 중심의 세계관을 기본으로 하는 르네상스를 촉진했습니다. 르네상스는 14세기부터 시작된 문화 혁신의 시기로 예술, 과학, 철학에서 고대 그리스와 로마의 가치를 재발견하고 발전시켰죠. 그러나 중세 가톨릭 교회는 개인의 부를 제한하는 경향이 있었기 때문에, 개인의 부를 보호하고 경제적 자유를 추구하는 새로운 사상적 기반이 필요했습니다.

이는 16세기 종교개혁으로 이어졌습니다. 종교개혁은 마르틴 루터의 '95개조 반박문'에서 촉발되어 구교(가톨릭)에 대항하는 신교(프로테스탄트)를 탄생시켰죠. 종교개혁의 결과로 독일과 북유럽의 많은 지역이 신교를 받아들였는데, 비록 종교적 갈등을 야기했지만 신흥 부르주아의 경제적 자유를 보장하는 역할을 했습니다. 하여 네덜란드와 영국 같은 신교 국가들이 급부상했습니다.

영국은 네덜란드와의 해상 패권 경쟁 승리로 대항해 시대를 주도하며, 거대한 식민 제국을 건설하는 한편 전 세계로 팽창했습니다. 영국의 국내 역시 중요한 변화를 겪었는데, 신흥 부르주아가 구세력인 귀족과 충돌하며 17세기 중후반에 청교도혁명과 명예혁명이 일어났습니다. 왕권이 제한되고 의회 중심의 국가 의사결정 시스템이 확립되었죠. 영국이 19세기 세계 패권을 차지하는 데 중요한 역할을 했습니다.

영국의 해외 식민지 중 하나였던 아메리카 대륙에선 종교적 자유를 찾아 이주한 청교도인과 후손들이 영국의 막대한 세금 부과에 반발하면서, 18세기 후반 미국 독립 전쟁이 발발했습니다. 미국은 프랑스의 지원을 받아 독립을 쟁취할 수 있었죠. 이 전쟁은 전 세계적으로 큰 영향을 미쳤는데, 프랑스대혁명의 도화선이 되었고 나폴레옹 보나파르트의 집권으로 이어졌습니다.

나폴레옹 1세는 전 유럽을 휩쓴 전쟁으로 프랑스를 통합하고 제국을 건설했습니다. 그러나 나폴레옹 전쟁은 1815년 워털루 전투에서 다름 아닌 나폴레옹의 패배로 끝났습니다. 이후 오스트리아의 재상 클레멘스 폰 메테르니히 주도로 빈 체제가 성립되었습니다. 유럽의 정치적 지형을 프랑스대혁명 이전으로 되돌리려 했지만 민중의 자유주의, 민족주의 열망을 억제할 수 없었죠. 프랑스를 비롯한 유럽 각국에서 혁명 운동이 일어난 결과 빈 체제는 무너지고 말았습니다.

오랜 시간 분열해 있어 통합된 힘을 발휘할 수 없었던 독일과 이탈리아는 19세기 후반 통일을 이뤄냈습니다. 그러나 그 과정에서 영국과 프랑스처럼 시민혁명을 통한 민주적 개혁은 경험하지 못했고, 독일은 국가 주도로 경제 발전을 이룬 후 제1차 세계대전으로 이어지고 말았습니다. 전쟁은 독일의 패배로 끝났고 독일은 베르사유 조약으로 물어야 했던 전쟁 배상금과 대공황이 불러온 심각한 경제 위기에 처해졌죠.

독일 국민은 아돌프 히틀러와 나치당을 지지하며 위기를 극복하려 했으나 제2차 세계대전의 발발로 이어지고 말았고 또다시 독일의 패배로 끝났습니다. 연합국은 독일이 다신 전쟁을 일으키지 못하도록 동독과 서독으로 분할했고, 독일은 냉전 시기 동안 양극화된 세계의 상징이 되었죠.

이상으로 유럽사를 수놓은 결정적 순간들의 개략적인 흐름입니다. 본문에서 보다 자세히 들여다보겠습니다.

• 차례 •

작가의 말_씨줄과 날줄처럼 얽힌 세계사를 한 뼘 더 깊게 4
들어가며_유럽사를 수놓은 결정적 순간들 8

◈ 1부 ◈

찬란한 영광의 시기, 고대 유럽사

고대 유럽 형성에 영향을 준 문명들	19
서양 문명의 기초를 다진, 그리스 문명	26
고대 유럽의 정치, 군사, 문화적 발전	30
서부 지중해의 정치적 지형을 뒤바꾸다	38
유럽이 단일 통합 문화권으로 나아가기까지	44
유럽 역사의 중요한 분기점, 예수와 기독교	50
게르만족의 대이동이 야기한 고대 유럽의 끝	58

2부

암흑 같은 대흥망의 중세 유럽사

유럽의 영토적 경계와 정치적 구조의 근간	69
셀주크와 동로마의 충돌 속, 서유럽의 선택	78
잉글랜드의 독자적이면서도 역동적인 역사	83
문명의 충돌이자 근세의 출발점으로서	92
왕권 제한부터 의회제도 강화까지	116
봉건제도의 종언과 절대왕정의 시작	121

3부

강력한 재탄생의 근세 유럽사

문화적 재탄생, 르네상스의 시대	131
근세 유럽사를 결정짓는 대사건	136
세계사적 변화의 한가운데 선 유럽	144
부상하고 상승하는 두 나라의 충돌	151
유럽을 지배한 합스부르크 가문의 흥망성쇠	158
종교전에서 영토전까지, 30년 전쟁	166
세계 최강대국 잉글랜드의 발판	170
신흥 강자 프로이센, 출현하다	176
또 다른 신흥 강국 러시아의 급부상	181
현 세계 최강국 미국의 탄생을 목도하라	186
오늘날 민주주의의 태동과 뼈대	194

◈ 4부 ◈

혁명·자본·제국의 근대 유럽사

인류 문명의 결정적인 변화 한가운데서	203
1789년 프랑스대혁명의 막전막후	210
한 군사 천재가 일으킨 정복 전쟁의 유산	216
혁명 이전의 구체제로 돌아가자	222
독일과 이탈리아가 통일을 이룩하기까지	228
미국 역사의 가장 중요한 전환점이 되는 전쟁	237
당면한 문제들은 철과 피로만 해결할 수 있다	244
20세기는 제1차 세계대전으로 시작되었다	251

◈ 5부 ◈

혼란한 파국과 황금의 현대 유럽사

세계 최초의 공산주의 국가가 탄생하기까지	265
미국발 세계적인 경제 공황의 전말	272
인류 역사상 최대 규모의 전쟁이 끼친 영향	278
우리 시대를 만든 냉전은 끝나지 않았다	288

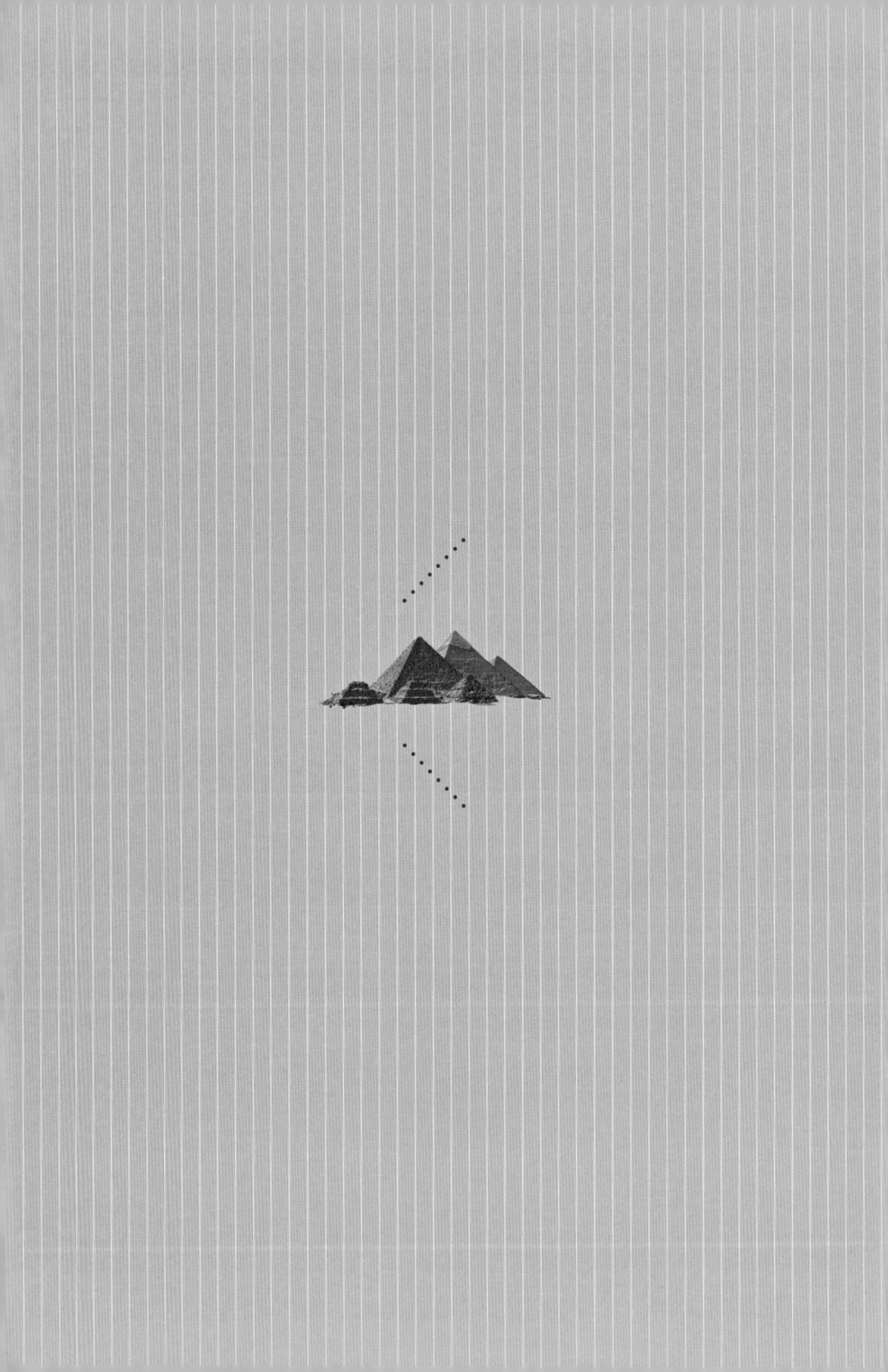

1부

찬란한 영광의 시기, 고대 유럽사

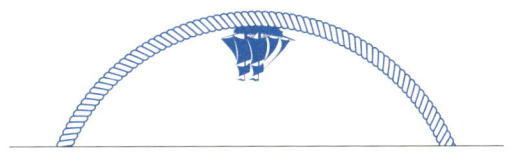

고대 유럽 형성에
영향을 준 문명들

유럽사의 큰 흐름을 이해하기 위해선 초기 문명들을 살펴보는 게 필수입니다. 이들 문명은 인간 사회의 초기 형태를 형성하고 문화, 역사의 기초를 다졌기 때문이죠.

특히 '세계 4대 문명(보통 메소포타미아, 이집트, 인더스, 중국 문명을 지칭하는데 유럽에선 '문명의 요람'이라고 표현하고 안데스와 메소아메리카를 포함한다)' 중에서 메소포타미아 문명, 이집트 문명은 고대 유럽의 형성에 직간접적인 영향을 끼쳤습니다.

메소포타미아 문명의 문자, 문학, 수학, 천문학

메소포타미아 문명은 오늘날 이라크와 시리아 지역에 위치한 티그리스강과 유프라테스강 사이의 비옥한 평원에서 시작되었습니다. '메소포타미아'는 그리스어로 '강 사이의 땅'을 의미하는데, 이 지역이 두 강에 의해 생긴 비옥한 농경지라는 사실을 반영하고 있죠.

메소포타미아 문명은 우르, 우르크와 같은 세계 최초의 도시국가들을 형성한 수메르인에 의해 본격적으로 발전했습니다. 그들은 '쐐기문자'라 부르는 세계 최초의 문자를 발명해 역사 기록을 남겼죠.

메소포타미아 지역은 개방적인 지형 탓에 전쟁이 자주 발발했습니다. 불안정한 삶의 양태는 사람들을 사후 세계보다 현실의 삶을 중요하게 생각하도록 만들었죠.

수메르 왕 길가메시의 모험과 성찰을 담은 『길가메시 서사시』는 현재의 삶을 가치 있게 사는 게 중요하다는 메시지를 전달했습니다.

그 밖에 1시간을 60분, 1분을 60초로 하는 60진법이나 달의 주기에 맞춰 시간을 계산한 태음력, 점성술 등이 발전했습니다. 이들은 모두 고대 그리스나 로마에 간접적으로 전파되며 고대

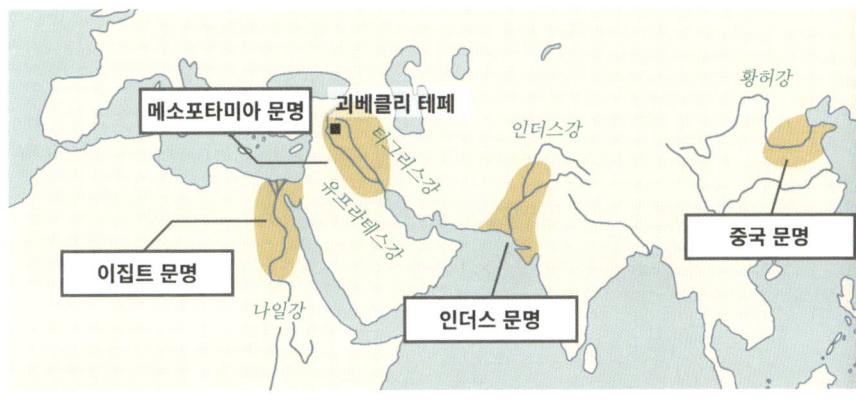

세계 4대 문명

유럽 문명의 형성에 큰 영향을 끼쳤죠.

60진법이 고대 그리스로 전파되면서 유클리드, 아르키메데스 같은 수학자들이 채택해 발전시킨 게 대표적인 예라 할 수 있습니다.

한편 학자들은 메소포타미아 문명이 기원전 6000년경에 시작되었다고 추정합니다. 그중에서 특히 수메르 문명은 기원전 3500년경부터 발전하기 시작해 이후 아카드, 바빌론, 아시리아 같은 여러 강력한 제국의 기반이 되었습니다.

이집트 문명의 종교, 철학, 건축, 예술

이집트 문명은 나일강을 중심으로 오늘날 이집트 지역에서 발전했습니다. 나일강의 정기적 범람은 비옥한 토양을 공급하며 농업의 발달을 촉진시켰고 이집트 문명의 발전을 가능하게 했습니다.

이집트 문명은 기원전 3100년경부터 시작되어 3천 년 이상 지속되었습니다. 이 문명은 '파라오'라 불리는 신성한 왕이 지배하는 신정 정치 체제로 유지되었는데, 폐쇄적인 지형 탓에 이민족의 침입을 거의 받지 않아 오랜 기간 통일 국가의 형태로 지속될 수 있었죠.

고대 이집트인들은 메소포타미아와 다르게 내세적 세계관이 발달해 미라를 제작하고 피라미드를 건설했습니다. 피라미드는 거대한 석재로 이뤄져 상부로 갈수록 좁아지는 독특한 삼각형 구조물로, 죽은 파라오를 위한 무덤이고요.

또한 고대 이집트인들은 파라오가 죽은 후에 피라미드에서 영원히 생명을 이어가고 신으로 부활할 수 있다고 생각했습니다. 따라서 파라오와 함께 그가 사용할 보물과 물품을 함께 묻었죠. 여러 피라미드 중에서 기자 평원에 자리한 피라미드군(기자 피라미드군)이 가장 유명합니다.

고대 이집트의 피라미드

    그 밖에도 이집트 문명은 여러 학문을 발전시켰습니다. 예를 들어 피라미드를 건설하고자 수학이 발달했죠. 미라 제작 과정은 신체 내부 구조를 이해하게 만들어 의학 발달로 이어졌고요. 태양의 움직임을 기준으로 달력을 만들어 나일강의 범람을 예측하면서 천문학 발달로 이어졌습니다.

    이집트 문명의 의학, 수학, 천문학 등 다양한 학문적 성과는 훗날 그리스 문명에 영향을 끼쳤습니다. 즉 이집트의 종교와 철학, 건축과 예술이 고대 유럽 문화 형성에 중요한 기여를 했다고 할 수 있겠지요.

고대 그리스 의학의 아버지로 불리는 히포크라테스나 『기하학 원론』을 저술해 수학 교육의 표준이 된 유클리드, 인류 최초로 지구의 둘레를 정확히 계산한 에라토스테네스 등이 대표적인 예라 하겠습니다.

또 다른 문명의 존재 가능성

앞서 언급한 메소포타미아 문명과 이집트 문명에 인더스 문명과 중국 문명을 포함한 세계 4대 문명의 공통점 중 하나는 '농업'을 기반으로 발전했다는 점입니다.

농업은 잉여 생산물을 만들었고 도시화와 복잡한 사회 구조의 발전으로 이어졌습니다. 각 문명은 독자적인 문자 체계를 발달시키며 기록을 남겨 후대에 그들의 업적과 문화, 사상을 전했고요. 그렇게 각 문명은 고유의 문화적 정체성을 형성할 수 있었습니다.

또한 이들 문명은 상호 간의 교류로 영향을 주고받으며 발전했습니다. 예를 들어 메소포타미아 문명과 이집트 문명은 지중해를 통해 서로 교류하며 문화와 기술의 확산을 촉진했고 그리스로 전해졌죠.

인더스 문명과 메소포타미아 문명 사이에도 교역이 이뤄졌는데, 이는 두 문명 간의 상호 작용을 가능하게 했고요.

중국 문명은 지리적 특성상 다른 문명들과의 교류가 제한적이었지만, 독자적인 발전을 이뤘고 이후 동아시아 문명의 기초를 다졌습니다.

오늘날 학계에선 4대 문명 외에도 다른 고대 문명들이 존재했을 가능성에 대해 많은 논의가 이뤄지고 있습니다. 예를 들어 튀르키예 아나톨리아반도에 위치한 '괴베클리 테페'는 기원전 10000년경에 건설되었기에 현재까지 발견된 가장 오래된 종교적 구조물로 여겨지고 있습니다.

이처럼 지구에는 4대 문명 이전에도 다른 문명들이 존재했을 가능성이 높습니다. 4대 문명은 비교적 잘 알려진 문명들일 뿐이죠. 인류 문명의 전체적인 그림을 이해하기 위해선 다양한 지역과 시기에 발생한 문명들을 함께 고려해야 할 것입니다.

이러한 접근은 유럽사뿐만 아니라 전 세계의 역사와 문명을 이해하는 데 중요한 출발점이 될 테지요.

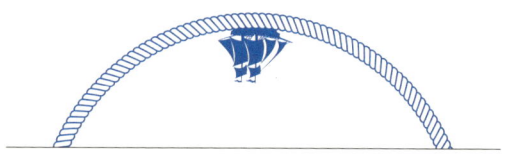

서양 문명의 기초를 다진, 그리스 문명

유럽에서 발생한 인류 초기 문명은 에게해와 지중해를 중심으로 발전한 해양 문명인 '그리스 문명'입니다. 이 문명은 정치, 철학, 예술, 과학 등 여러 분야에서 서구 사회의 기초를 다졌다고 평가되는 만큼 매우 중요합니다.

그리스 문명의 기원은 크게 두 가지로 나뉩니다. 크레타섬에서 번성한 미노스 문명과 펠로폰네소스반도를 중심으로 발전한 미케네 문명입니다.

미노스 문명과 미케네 문명

✶

미노스 문명은 기원전 2600년경부터 기원전 1400년경까지 번영했습니다. 특히 해양 무역과 궁전 문화로 유명한데, 크노소스 궁전은 미노스 문명의 대표적인 유산으로 그들의 복잡한 사회 구조와 행정 체계를 보여주죠.

이 문명은 크레타섬의 지리적 이점을 활용해 지중해 전역과 교역하며 큰 번영을 누렸습니다.

미케네 문명은 미노스 문명을 계승하면서 기원전 1600년경부터 기원전 1100년경까지 이어졌습니다.

이 문명은 강력한 군사력을 바탕으로 전사 문화를 발전시켰는데, 미케네와 티린스의 거대한 성곽은 그들의 군사적 역량을 보여주는 대표적인 유적입니다. 또한 이 문명은 호메로스의 서사시 『일리아스』와 『오디세이아』의 배경이 되는 트로이 전쟁과 관련이 깊죠.

미케네 문명의 쇠퇴 이후, 그리스는 약 400년간 암흑기를 겪었습니다. 그러던 기원전 8세기경, 그리스 문명은 다시 부흥하기 시작했죠.

이 시기부터 그리스는 수많은 독립 도시국가(폴리스)들로 구성된 독특한 정치 체제를 발전시켰습니다. 하여 각 폴리스는 독립적인 자치 정부를 갖고 있었는데, 그중 가장 잘 알려진 게 바로 아테네와 스파르타입니다.

아테네와 스파르타

아테네는 민주주의의 발상지로, 모든 시민이 정치에 참여할 수 있는 체제를 발전시켰습니다. 기원전 5세기경 아테네의 민주주의는 최고조에 달했고, 현재 서구 민주주의의 기초가 이때 형성되었죠.

아테네는 또한 철학과 예술의 중심지였습니다. 소크라테스, 플라톤, 아리스토텔레스와 같은 철학자들이 이곳에서 활동하며 서양 철학과 과학의 기초를 다졌으니 말이죠.

한편 스파르타는 엄격한 군사 훈련과 철저한 계층 구조로 유명했습니다. 스파르타 시민들은 평생 군사 훈련을 받았는데, 그렇게 스파르타는 그리스 세계에서 가장 강력한 군사 국가 중 하나로 우뚝 설 수 있었습니다.

스파르타는 펠로폰네소스 전쟁에서 아테네를 물리치며 그리스의 패권을 차지했습니다. 그러나 이 전쟁은 그리스 전체의 쇠퇴를 초래하고 말았죠.

파르테논 신전 전경

고대 그리스 시대는 기원전 1100년경 미케네 문명의 붕괴 이후부터 기원전 146년 로마 제국에 의해 그리스가 정복될 때까지 이어졌습니다.

이 시기는 그리스 문명이 정치적, 문화적으로 매우 중요한 발전을 이룬 시기로, 서양 문명의 기초를 확립하는 데 결정적인 역할을 했죠.

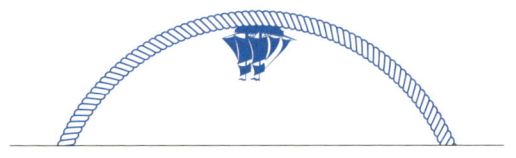

고대 유럽의
정치, 군사, 문화적 발전

고대 그리스 역사에서 가장 중요한 전환점이라고 할 수 있는 건 기원전 5세기의 그리스-페르시아 전쟁과 펠로폰네소스 전쟁, 기원전 4세기에 시작된 헬레니즘 시대로 이어지는 일련의 사건들입니다.

　이 시기에 고대 그리스는 정치적, 군사적, 문화적으로 크게 변화했죠. 또한 유럽 사회의 기초를 형성하는 중요한 역사적 사건들이 연이어 일어났습니다.

정치적 발전, 그리스-페르시아 전쟁

기원전 5세기, 고대 그리스는 오리엔트의 강력한 제국인 페르시아의 위협에 직면했습니다. 당시 페르시아는 메소포타미아와 주변 지역을 통일한 아케메네스 왕조의 강력한 대제국이었습니다. 그리스의 여러 폴리스들은 페르시아의 압도적인 군사력에 맞서야 했죠.

폴리스들은 독립적이고 분권적인 도시국가로 통일된 중앙 정부가 없는 상태였기에 대제국 페르시아에 비해 취약한 상태였습니다. 그럼에도 불구하고 그리스 도시국가들은 연합해 페르시아에 맞서기로 결심했죠.

기원전 490년 페르시아의 다리우스 1세는 그리스 본토를 침공하며 아테네를 위협했지만, 같은 해 벌어진 마라톤 전투에서 아테네군은 밀티아데스 장군의 지휘 아래 페르시아군을 격퇴하는 데 성공합니다. 이 전투는 그리스 역사에 남을 중요한 승리였으며 그리스-페르시아 전쟁의 전환점이 되었죠.

10년 후, 다리우스 1세의 후계자인 크세르크세스 1세가 대규모 군대를 이끌고 그리스를 재침공합니다. 이때 벌어진 유명한 전투가 살라미스 해전이죠. 아테네의 지도자 테미스토클레스는 하층계급을 전쟁에 동참시키며, 그리스 연합군이 페르시아

그리스-페르시아 전쟁 상황도

함대를 격파해 페르시아의 재침공을 막아내는 데 큰 역할을 해 냈습니다.

이후 아테네 민주주의는 더욱 강화되었습니다. 하층계급의 역할이 커지면서 이들의 정치적 권리도 강화되었고요. 그렇게 아테네는 델로스 동맹을 결성해 해상 제국으로 성장하죠.

군사적 발전, 펠로폰네소스 전쟁

그리스-페르시아 전쟁 이후 그리스는 민주주의와 군국주의가 혼재된 상태에서 정치적, 군사적 발전을 이뤘습니다.

아테네가 델로스 동맹을 이끌며 해상 제국으로 거듭나는 사이 스파르타는 펠로폰네소스 동맹을 중심으로 강력한 육상 군사력을 유지했죠.

두 동맹 사이의 긴장이 고조된 결과, 기원전 431년부터 30여 년간 펠로폰네소스 전쟁이 발발했습니다.

이 내전은 그리스 역사상 가장 장기적이면서도 치열한 전쟁 중 하나였는데요. 전쟁 초기에는 아테네가 해상에서 우세를 점했으나, 전쟁이 장기화되면서 스파르타가 페르시아의 지원을 받아 해군력을 강화해 결국 아테네를 무찔렀습니다.

전쟁으로 그리스 전역은 경제적 손실, 인구 감소, 사회적 혼란 등 큰 피해를 입었습니다. 특히 아테네는 제국의 지위를 잃었고 그리스 전체는 분열과 쇠퇴의 길을 걸었죠.

그리스는 외부의 침략에 더욱 취약해지고 말았습니다.

문화적 발전, 헬레니즘 시대

펠로폰네소스 전쟁 이후, 그리스는 계속된 내분과 혼란 속에 빠져들었습니다. 이 혼란을 정리하고 그리스를 통합한 인물이 바로 마케도니아의 필리포스 2세였죠.

그는 기원전 338년 카이로네이아 전투에서 그리스 연합군을 물리치고 그리스 전역을 자신의 통제 아래 뒀습니다. 이후 마케도니아를 강력한 군국주의 국가로 발전시키고 그리스인의 오랜 염원인 페르시아 원정을 계획했지만 목표를 이루지 못하고 암살당하고 말았죠.

이어서 그의 아들 알렉산드로스 3세(알렉산더 대왕)에게 왕권이 돌아갔습니다. 알렉산더 대왕은 아버지의 페르시아 원정 계획을 계승해 기원전 334년부터 대규모 동방 원정을 시작했죠.

이후 그는 불과 몇 년 사이 그라니코스 전투(기원전 334년), 이수스 전투(기원전 333년), 가우가멜라 전투(기원전 331년) 등에서 페르시아 군대를 연이어 격파하며 페르시아 제국을 완전히 정복했습니다.

이어 이집트에서 인도에 이르는 광대한 대제국을 건설하고, 그리스 문화를 동방으로 확산시켰고요. 하지만 알렉산더 사후, 제국은 여러 디아도코이(후계자)들에 의해 분할되었습니다.

알렉산더 대왕을 그린 로마 모자이크

그렇게 헬레니즘 시대가 시작되었습니다. 이 시기에는 그리스 문화와 동방 문화가 융합된 독특한 문명이 형성되었죠. 헬레니즘 시대의 대표적인 도시인 알렉산드리아가 학문과 예술의 중심지로 번성했고요.

철학 분야에서 스토아 학파와 에피쿠로스 학파가 등장해 새로운 사유의 길을 열었습니다. 과학 분야에선 아르키메데스와 에라토스테네스 같은 인물들이 활약하며 큰 성과를 남겼죠. 예술

분야에선 현실주의와 자연주의 경향이 강화되어 인간의 감정과 현실을 사실적으로 표현하는 조각과 회화가 발전했고요.

헬레니즘 시대에 대한 평가에는 유럽과 중동의 시각 차이가 존재합니다.

유럽은 알렉산더 대왕의 정복을 그리스 문화를 확산하고 동서 문화의 융합을 이뤄낸 긍정적인 역사로 평가하는 반면 중동, 특히 페르시아에선 알렉산더 대왕을 악의 화신으로 묘사합니다. 그의 침략이 페르시아의 혼란과 분열을 초래했다고 평가하죠. 그런가 하면 조로아스터교는 알렉산더 대왕을 아후라 마즈다(최고의 선신)에 대적하는 사탄 아리만에 비유하기도 합니다.

한편 페르시아의 혼란을 수습하고 질서를 회복한 인물로는 아르다시르 1세가 있습니다. 그는 파르티아를 무너뜨리고 사산 왕조를 성립시켰죠.

알렉산더 대왕과 헬레니즘 시대에 대한 평가가 유럽과 중동에서 다르게 나타나는 점은 역사적 해석의 다양성을 보여줍니다. 이와 같은 시각 차이를 이해하는 게 역사를 보다 폭넓게 바라보는 데 도움을 줄 것입니다.

고대의 지혜, 철학의 발상지

그리스-페르시아 전쟁과 펠로폰네소스 전쟁이 발발한 기원전 5세기는 유럽 사상의 원류가 되는 소크라테스, 플라톤, 아리스토텔레스가 활약한 시기이기도 합니다. 이들은 서양 철학의 기초를 다졌고 이후 서구 문명에 깊은 영향을 미쳤죠.

소크라테스는 철학적 탐구의 방법으로 문답법을 발전시켰습니다. 그의 제자인 플라톤은 이상주의 철학과 정치철학의 기초를 세웠고요. 플라톤의 제자인 아리스토텔레스는 논리학, 형이상학, 윤리학, 자연과학 등 다양한 분야에서 방대한 연구를 남겼죠. 그의 사상은 중세와 근대 철학에 지대한 영향을 미쳤습니다.

참고로 동양에서도 비슷한 시기에 공자와 맹자가 등장해 유교 사상의 기틀을 마련했습니다. 그들은 인(仁)과 예(禮)를 중시하는 도덕 철학을 발전시켜 이후 동아시아의 정치와 사회에 깊은 영향을 미쳤죠.

기원전 5세기와 기원전 4세기는 동서양 모두에서 인간의 삶과 사회에 대한 근본적인 사유가 정립된 시기였습니다. 이 시기의 철학적 발전이 이후 수천 년간 동서양의 사상과 문화를 지배했다고 해도 과언이 아니지요.

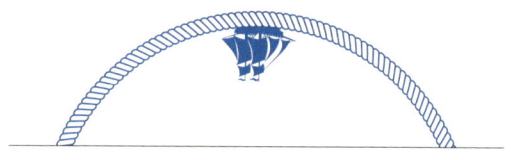

서부 지중해의
정치적 지형을 뒤바꾸다

그리스인들이 동쪽을 공격한 이유는 단순히 보복 목적이 아니라 동쪽에서 더 많은 약탈과 부를 획득할 수 있었기 때문입니다.

당시 서쪽의 로마는 아직 발전하지 않았기 때문에 그리스가 공격하더라도 빼앗을 게 부족했던 반면 동쪽의 페르시아 제국은 엄청난 부를 축적하고 있었죠.

하여 그리스인들은 동쪽의 페르시아로 진출합니다. 이런 전략적 선택 덕분에 로마는 그리스의 공격에서 벗어나 생존할 수 있었습니다.

그리스의 동방 원정이 성공하면서 헬레니즘 문화가 지중해 무역을 활성화시키자 지중해 안에 위치한 로마와 카르타고도 동시에 발전할 수 있었습니다.

로마와 카르타고는 서로 매우 가까운 거리에 위치해 있어 무역 이익을 더 많이 차지하고자 충돌할 수밖에 없었습니다. 이런 갈등은 결국 세 차례의 포에니 전쟁으로 이어졌죠.

포에니 전쟁은 서부 지중해의 패권을 둘러싼 로마와 카르타고 사이의 전쟁으로, 기원전 264년부터 기원전 146년까지 약 120년간 지속되었습니다.

포에니 전쟁은 서부 지중해의 정치적 지형을 크게 변화시킴과 동시에 로마 제국의 확립에 결정적인 역할을 했습니다.

제1차 포에니 전쟁

✳

제1차 포에니 전쟁은 시칠리아섬의 지배권을 둘러싸고 로마와 카르타고 사이에서 벌어졌습니다. 전쟁 초기 카르타고는 한니발 바르카의 아버지인 하밀카르 바르카('번개'라는 의미)의 활약과 강력한 해군 덕분에 해상에서 우위를 점할 수 있었죠. 그러나 카르타고 내부에서 발생한 권력 투쟁과 전략적 혼란으로 로마에 결정타를 가하지 못했습니다.

그 사이 로마는 신속하게 해군을 증강하고 전술을 개선해 카

한니발 바르카의 대리석 조각상

르타고에 대응했고, 결과적으로 밀레 해전(기원전 260년)과 에크노무스 해전(기원전 256년)에서 로마가 중요한 승리를 거두며 전세를 역전시킬 수 있었습니다.

결국 제1차 포에니 전쟁은 카르타고가 대규모 전쟁 배상금을 물고 시칠리아를 포기하는 조건으로 종결되었습니다.

제2차 포에니 전쟁

✻

제2차 포에니 전쟁은 카르타고의 한니발 바르카와 로마의 스키피오 아프리카누스 간의 대결로 유명합니다.

한니발은 기원전 218년 알프스를 넘어 이탈리아를 침공하며 트레비아 전투(기원전 218년), 트라시메누스 호수 전투(기원전 217년), 칸나이 전투(기원전 216년)에서 로마군을 연이어 격파했습니다. 특히 칸나이 전투에서 한니발은 6만여 명의 로마군을 전멸시키며 전술적 천재성을 빛냈죠.

그러나 로마는 파비우스 막시무스의 지연 전술로 한니발과의 대규모 전투를 피하고 보급선을 차단하며 그의 세력을 소모시키는 전략으로 전환했고 매우 큰 효과를 봅니다. 결국 기원전 202년 자마 전투에서 스키피오가 한니발을 격파하면서 전쟁은 다시 한번 로마의 승리로 끝나고 말았죠.

전쟁 후 카르타고는 아프리카 바깥의 모든 영토를 포기하고 로마의 허락 없이 전쟁을 하지 않겠다는 굴욕적인 화평도 맺습니다. 반면 로마는 카르타고를 지원했던 동쪽의 마케도니아와 헬레니즘 세력에 대한 응징을 계획하죠.

로마는 헬레니즘 세력이 지금은 비록 분열되어 있지만 언제든 다시 통일해 로마를 위협할 가능성이 있다고 판단했고, 제

2차 포에니 전쟁 동안 그리고 그 이후로도 마케도니아 왕국, 안티오코스 왕국과 수차례 전쟁을 벌여 모두 승리하며 헬레니즘 세력을 약화시켰습니다.

로마가 이 전쟁에서 승리할 수 있었던 주요 이유 중 하나는 헬레니즘 세력의 분열이었는데, 로마가 각개 격파 전략로 승리할 수 있는 기회를 제공했죠. 그렇게 로마는 지중해 패권을 강화할 수 있었습니다.

제3차 포에니 전쟁

한편 로마가 동쪽에 신경 쓰는 동안 카르타고는 다시 한번 무역으로 부를 쌓고 로마와 대적할 수 있는 기회를 얻었습니다.

그러나 제2차 포에니 전쟁 이후 맺은 조약으로 카르타고는 로마의 허락 없인 전쟁을 벌일 수 없었죠. 하여 인접국인 누미디아 왕국의 공격에 무방비로 노출되어 있었고요. 이에 카르타고는 로마에 도움을 요청했지만 로마는 무시했습니다. 제3차 포에니 전쟁의 표면적인 이유입니다.

하지만 전쟁이 발발한 근본적인 이유는 따로 있습니다. 카르타고가 전쟁 배상금을 모두 갚고 경제를 회복하면서 로마가 더 이상 카르타고로부터 경제적 이득을 취할 수 없었죠.

로마는 카르타고를 완전히 파괴할 명분을 찾고 있었는데, 카르타고가 누미디아의 공격에 대응하고자 조약을 깨고 전쟁을 벌이자 이를 빌미로 제3차 포에니 전쟁을 시작한 것입니다.

로마가 카르타고에 선전포고한 기원전 149년으로부터 불과 3년 후 카르타고는 로마에 의해 완전히 파괴되고 맙니다. 카르타고 시민들은 노예로 팔려나갔고 도시는 완전히 폐허가 되었죠. 그렇게 카르타고는 로마의 아프리카 속주로 전락하고 말았습니다. 제3차 포에니 전쟁의 승리와 카르타고의 멸망으로 로마는 서부 지중해의 절대적인 패권을 차지할 수 있었습니다.

포에니 전쟁으로 로마는 해군력을 강화하고 군사 전략을 발전시킬 수 있었습니다. 이후 로마의 정복 전쟁에서 중요한 기반이 되었죠. 또한 전쟁으로 확보한 영토와 자원은 로마의 경제 번영과 안정에 크게 기여했고요. 이제 지중해 세계의 정치 지형은 로마를 중심으로 완전히 재편되었습니다.

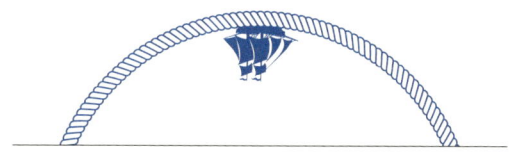

유럽이 단일 통합 문화권으로 나아가기까지

로마는 정복 전쟁으로 발전한 군국주의 국가입니다. 군국주의 국가는 거대한 군사조직을 유지하고자 항상 새로운 정복지가 필요한 법이죠.

당시 유럽은 아직 정복할 땅이 많이 남아 있었기 때문에 로마는 활발한 정복 활동을 통해 지속적으로 성장할 수 있었습니다. 이 시기에 로마의 역사를 크게 변화시킨 정치가이자 장군이 바로 율리우스 카이사르입니다.

카이사르는 탁월한 군사적 재능과 정치적 통찰력으로 로마를 이전과 완전히 다르게 변화시켰죠.

제정 로마의 기틀을 마련한, 카이사르

✕

카이사르는 기원전 58년부터 기원전 50년까지의 갈리아 원정으로 갈리아를 완전히 정복합니다. 라인강을 경계로 게르만족과 대치하며 로마의 국경을 북쪽으로 확장시켰죠.

성공적인 원정은 카이사르를 로마의 국민 영웅으로 만들었고, 아울러 그의 정치적 입지를 굳건히 하는 데 중요한 역할을 했습니다.

카이사르는 군사적 성공을 바탕으로 로마로 돌아와 원로원과 기득권층을 제압하고, 기원전 49년에 루비콘강을 건너 내전을 일으킵니다.

내전에서 승리한 후 그는 '독재관'이라는 타이틀을 얻고 로마의 권력을 장악하죠. 카이사르는 다양한 정치적 개혁으로 로마를 재편하고자 했고 이는 후대 로마 제정의 기초가 되었습니다. 그러나 그의 독재는 원로원과 공화파의 반발을 불러일으키며 큰 파란으로 이어지고 말았습니다.

결국 그는 기원전 44년 3월 15일, 공화파 의원들인 마르쿠스 브루투스와 카시우스 롱기누스 등에 의해 암살당하고 말았죠. 그의 죽음은 로마 공화정의 위기를 최고조로 몰아갔습니다.

카이사르 사후, 그의 양자이자 후계자인 옥타비아누스(후일

빈첸초 카무치니의 <카이사르의 죽음>(1805)

아우구스투스)가 정국을 수습하고자 노력했습니다. 옥타비아누스는 초기에 마르쿠스 안토니우스, 아이밀리우스 레피두스와 함께 삼두정치를 이뤘지만, 결국 권력 투쟁 끝에 안토니우스와 결별하고 내전을 일으켰죠.

기원전 31년 악티움 해전에서 안토니우스를 격파한 옥타비아누스는 사실상 로마의 최고 권력자로 부상했고, 기원전 27년에는 원로원으로부터 '존엄한 자'라는 뜻의 아우구스투스 칭호를 받으며 로마 제국의 초대 황제가 되었습니다.

팍스 로마나의 시작, 아우구스투스

아우구스투스는 로마의 정치 체제를 재편해 공화정을 종식하고 제정 시대를 열었습니다. 그는 로마의 정치적 안정과 경제적 번영을 이끌었는데, 그의 통치 이후 로마는 '팍스 로마나'라는 200여 년간의 평화와 번영의 시대를 누릴 수 있었습니다.

팍스 로마나는 로마 제국이 유럽, 북아프리카, 서아시아에 걸친 광대한 영토를 안정적으로 통치하고 번영을 이룩한 시기를 말합니다. 2세기경 로마 제국의 영토는 유럽의 대부분을 포함했는데 현재의 이탈리아를 비롯해 스페인, 프랑스, 네덜란드, 벨기에, 영국, 독일 일부, 체코, 헝가리, 그리스, 발칸반도 등 유럽 전역에 이르렀죠.

로마 제국은 유럽 역사와 문화의 중심이 되었습니다. 로마법, 라틴어, 건축 기술, 군사 조직 등 로마의 유산은 오늘날까지도 유럽의 정치, 사회, 문화에 큰 영향을 미치고 있죠.

아울러 당시 게르만족은 로마 제국의 국경 외곽에 위치해 있었지만, 로마와의 교류로 로마 문화를 흡수하며 살았고 때로는 로마의 용병으로도 활동했습니다.

로마 제국은 유럽의 정치적, 사회적 구조 형성에 깊은 영향을 끼쳤습니다. 그런 관점에서 볼 때, 유럽사의 뿌리는 로마 제

2세기경의 로마 제국 영토

국에 있다고 할 수 있죠. 하여 고대 유럽사는 국가별로 나눠 들여다볼 필요가 많지 않습니다. 로마가 유럽 대부분을 통합한 거대한 제국이었기에, 유럽 고대사를 이해하려면 로마 제국의 역사를 중심으로 살펴보는 게 가장 효과적일 것입니다.

오늘날 유럽연합이나 유로화와 같은 통합된 유럽의 개념도 로마 제국이라는 공통된 역사적 배경을 기반으로 하고 있기에 가능한 것입니다. 로마의 유산이 유럽을 하나로 묶는 중요한 연결고리로 작용하고 있습니다.

반면 동아시아의 경우 한국, 중국, 일본은 역사상 단 한 번도 하나의 통일된 국가로 존재한 적이 없습니다. 이 세 나라는 모두 독립된 역사와 문화를 갖고 발전해 왔죠. 동북아시아가 유럽연합과 같은 하나의 생활권으로 통합되기 어려운 이유입니다.

동아시아의 역사는 서로 다른 문화와 정치 체제가 오랜 기간 동안 발전해 왔기 때문에 유럽과는 다른 형태의 역사를 갖고 있는 것입니다.

카이사르와 옥타비아누스는 로마 공화정을 제정으로 전환시키는 데 결정적인 역할을 했습니다. 그들의 리더십과 정복 활동은 유럽 전역에 걸친 로마 제국의 확장을 이끌었죠.

그들의 영향력은 오늘날까지도 유럽 역사와 문화에 깊은 흔적을 남기고 있습니다. 대표적인 예로, 카이사르는 사람 이름이지만 후계자들이 그 이름을 황제의 칭호로 사용하면서 '황제'를 뜻하는 단어로 자리잡았죠. 카이사르는 라틴어이고, 영어의 시저, 독일어의 카이저나 러시아어의 차르가 모두 카이사르에서 파생된 말입니다.

이렇듯 로마 제국의 존재와 유산은 유럽이 하나의 통합된 문명권을 형성하는 데 기초가 되었습니다.

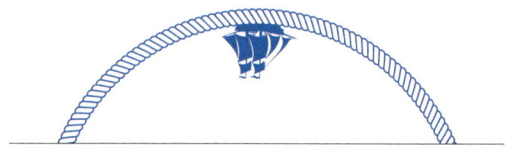

유럽 역사의 중요한 분기점, 예수와 기독교

예수의 탄생과 기독교의 성장은 고대 유럽사에서 절대적으로 중요한 전환점입니다. 기독교는 유대교에서 분리된 종교로, 유대교가 가나안 지방에서 먼저 시작된 종교라면 기독교는 유대교의 경전과 신앙을 바탕으로 하면서도 예수의 가르침에 의해 새로운 길을 걷기 시작한 종교라고 할 수 있습니다.

유대교는 팔레스타인 지역에서 오랫동안 이어져 온 종교로, 하나님의 율법을 중심으로 한 삶을 강조했습니다. 그런데 시간이 지나면서 유대교 내에서 경전을 해석하는 방식과 신앙의 실천에 대한 의견 차이가 점점 커졌죠. 이러한 차이점들이 심화되면서, 예수의 탄생을 기점으로 유대교와 기독교는 서로 다른 길을 걸었습니다.

예수는 서기 원년경, 팔레스타인 지역의 나사렛에서 성장했습니다. 그의 가르침은 당시 유대 사회의 종교적, 사회적 문제를 해결하는 내용이었는데요, 특히 빈부격차와 특권층의 부패를 강하게 비판했죠. 하여 하층민과 소외된 사람들에게 큰 지지를 받았습니다.

예수는 유대교의 전통적인 율법 해석을 넘어 사랑, 자비, 용서를 강조하며, 인간의 내면적 변화로 사회를 개선할 수 있다고 설파했습니다. 이러한 가르침은 당대 유대교 지도층과 로마 제국의 지배층에게 큰 위협으로 간주되었고, 결국 30년경 예수는 로마 제국의 권력자들에 의해 십자가형을 당했습니다.

그러나 예수의 죽음 이후, 그의 제자들은 예수의 부활을 증언하며 그의 가르침을 전파하기 시작했습니다. 그들은 유대교의 전통에서 벗어나 '기독교'라는 새로운 종교 운동을 시작했죠.

그 과정에서 사도 바울과 같은 인물들은 기독교의 교리를 체계화했습니다. 바울은 유대교와는 다른 길을 걷는 종교로서 기독교를 확립하는 데 중요한 역할을 했는데요, 이방인들에게도 기독교 신앙을 전파하며 기독교를 유대교의 경계를 넘어선 보편적인 종교로 발전시켰습니다.

기독교가 점차 유럽 전역으로 퍼지자 로마 제국의 지배층은 기독교인들을 잠재적인 위협으로 인식했고, 기독교는 다신교를 믿는 로마의 전통적 가치관과 충돌할 수밖에 없었습니다.

특히 황제 숭배를 거부한 기독교인들은 로마 제국의 권위에 도전하는 것으로 간주되었죠. 이러한 이유로 초기 기독교는 로마 제국으로부터 극심한 박해를 받았습니다.

가장 유명한 박해는 네로 황제가 주도했습니다. 64년 로마 대화재 이후 기독교인들이 화재의 원인으로 지목되면서 대규모 학살이 일어났죠.

그러나 기독교는 박해를 받을수록 더욱 강하게 퍼져나갔습니다. 기독교가 민중에게 새로운 희망과 구원의 메시지를 제공했기 때문이었습니다.

로마 제국의 사회적 혼란과 불안 속에서 기독교는 인간의 고통과 절망을 극복할 수 있는 영적 해답을 제시해 나갔습니다.

로마 제국의 쇠퇴

팍스 로마나 시대가 끝났습니다. 더 이상 영토를 확장하지 못하자 로마 제국은 쇠퇴하기 시작했죠. 제국의 영토가 너무 광대해지면서 중앙 정부의 통제도 약화되었고요. 황제로부터 멀리 떨어진 지역에선 군사 지도자들이 독자적인 세력을 구축했고 그들은 급기야 황제의 권위를 무시하기 시작했습니다.

3세기 로마 제국은 '군인 황제 시대'라고 불리는 혼란기로 접어들었습니다. 각지의 군사 지도자들이 서로 황제 자리를 놓고 경쟁하며 제국을 더욱 혼란스럽게 만들었죠.

이 혼란을 수습한 인물은 디오클레티아누스 황제였습니다. 그는 광대한 로마 제국을 통치하고자 '테트라키아(4두 정치) 체제'를 도입하죠.

제국을 동서로 나누고, 각각의 영역에 두 명의 황제와 두 명의 부황제를 임명해 통치하는 방식이었습니다. 그러나 이 체제는 분열을 막기 위한 조치였음에도 불구하고, 오히려 네 명의 통치자 간에 경쟁과 갈등을 촉발시키고 말았습니다.

이 혼란 속에서 콘스탄티누스 1세가 등장해 다른 경쟁자들보다 우위를 점하고자 사회의 다수를 구성하고 있던 기독교인들과 연합을 모색했습니다.

그는 기독교인들에게 신앙의 자유를 약속하며, 그들을 자신의 군대로 편입시켰죠. 그렇게 강력한 군사력을 바탕으로 내전을 승리로 이끌었고 로마 제국을 다시 통일할 수 있었습니다.

313년, 콘스탄티누스 1세는 밀라노 칙령을 발표하며 기독교를 공인했습니다. 기독교가 유럽 역사의 중심에 서는 첫걸음이

막시미아누스 황제에 의해 대부분 건설된 밀라노 황궁 유적지

었습니다.

밀라노 칙령은 기독교인들에게 신앙의 자유를 허용하고 재산을 돌려줬습니다. 기독교가 로마 제국 내에서 정당한 종교로 인정받는 계기도 제공했죠. 덕분에 기독교는 급속히 확산될 수 있었습니다. 그렇게 기독교는 로마 제국의 정치와 사회 구조에 깊이 뿌리내릴 수 있었습니다.

콘스탄티누스 1세는 제국을 통일했지만, 로마 제국은 한 명이 통치하기에 너무 넓고 복잡했습니다. 실리를 택한 그는 330년 제국의 수도를 동쪽의 비잔티움(훗날 콘스탄티노플)으로 옮겼고, 그렇게 로마 제국은 동서로 분열되었죠. 이 과정에서 동부의 비잔티움이 새로운 정치적 중심지로 우뚝 설 수 있었고요.

이후 395년, 테오도시우스 1세의 사망으로 로마 제국은 공식적으로 동로마와 서로마로 나뉘고 말았습니다.

서로마 제국은 지속적인 외부의 침략과 내부의 혼란으로 점차 약화되더니 476년, 게르만 용병대장 오도아케르에 의해 멸망하고 말았죠. 반면 동로마 제국은 천년 이상 지속되며 기독교 문화와 그리스-로마의 전통을 계승했습니다.

예수의 탄생과 기독교의 확산

✲

예수 탄생과 기독교 확산은 고대 유럽의 정치, 사회, 문화에 막대한 영향을 미쳤습니다. 초기 기독교는 로마 제국의 박해를 받았으나 민중에게 희망과 구원의 메시지를 전달하며 빠르게 성장할 수 있었죠.

313년, 콘스탄티누스 1세의 기독교 공인은 기독교가 로마 제국의 주요 종교로 자리 잡는 중요한 전환점이 되었습니다. 이후 380년, 테오도시우스 1세는 기독교를 로마 제국의 국교로 지정했습니다. 드디어 기독교가 로마 제국 내에서 지배적인 종교로 확고히 자리잡을 수 있었죠.

기독교가 국교가 되자, 로마 사회는 빠르게 변화하기 시작했습니다. 교회가 정치 권력과 결합했고 자연스레 교회의 지도자들은 정치적 영향력을 행사했으며 기독교 교리가 사회의 도덕 기준을 형성했죠. 교회의 권위가 로마 제국의 황제와 견줄 만한 수준으로 성장한 것입니다.

기독교는 서로마 제국의 붕괴 이후, 서유럽이 수많은 소규모 왕국과 영주국으로 분열했을 때 하나의 정체성을 제공하며 유럽의 안정과 질서를 유지하는 중심축이었습니다. 덕분에 분열된 사회를 하나로 묶을 수 있었죠. 특히 주교와 수도원이 교육과 구제 활동으로 지역 사회의 중심이 되었습니다.

또한 기독교는 유럽의 외교와 전쟁에도 큰 영향을 미쳤습니다. 십자군 전쟁은 기독교 세계와 이슬람 세계 간의 충돌을 상징하는 대표적인 사건이었죠. 이 전쟁은 유럽의 군사, 정치, 외교, 경제 발전에 중요한 계기가 되었습니다.

나아가 기독교는 문화 형성에도 깊은 영향을 끼쳤습니다. 중세 유럽의 문학과 예술은 대부분 기독교적 주제와 신학적 탐구에 초점을 맞추고 있죠.

수도원의 필사본 제작, 기독교 성인들의 삶을 다룬 문학 작품, 고딕 양식의 성당 건축 등은 모두 기독교가 유럽 문화에 깊이 뿌리내리고 있음을 보여줍니다.

한편 중세 대학들은 기독교 신학과 철학을 가르치는 중요한 교육 기관으로 발전했습니다. 신학은 중세 학문의 중심이 되었는데, 성경과 교부(초기 교회의 중요한 신학자, 사상가)들의 저작은 학문적 탐구의 주된 대상이었죠.

철학은 신학적 질문에 답하고자 논리와 이성을 사용했습니다. 이 시기의 대표적인 신학자이자 철학자인 토마스 아퀴나스는 기독교 신학을 체계적으로 정리하며 후대 서구 철학에 큰 영향을 미쳤습니다.

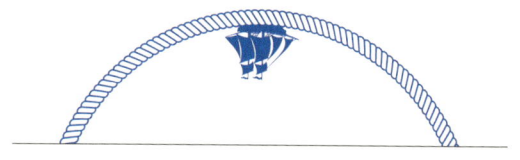

게르만족의 대이동이 야기한
고대 유럽의 끝

'게르만족'이라는 명칭은 갈리아를 정복한 로마의 장군 카이사르가 처음 사용했습니다.

카이사르는 갈리아의 총독으로 라인강 너머에서 만난 다양한 부족들을 총칭해 '게르만인'이라고 불렀고, 그들이 사는 땅을 '게르마니아'라고 명명했습니다.

카이사르는 그 지역에 대한 정보가 부족했기 때문에 프랑크족, 앵글족, 색슨족, 유트족, 수에비족, 부르군트족, 반달족, 알라마니족 등 수많은 부족을 통칭해 게르만족으로 분류했죠. 서로 다른 문화와 언어를 갖고 있었지만 로마인들에겐 하나의 집단으로 인식된 것입니다.

'게르만족의 대이동'은 4세기에서 7세기까지 지속된 역사적 사건입니다. 로마 제국 밖에 살고 있던 게르만족이 로마 제국 안으로 이동하면서 로마를 무너뜨리고 자신들의 국가를 세운 시기를 말하죠.

게르만족의 이동이 시작된 주요 원인은 훈족의 압박이었습니다. 훈족은 4세기 중반에 흑해 북쪽에서 갑자기 등장해 서쪽으로 이동하며 전 유럽에 걸쳐 파괴와 공포를 불러일으킨 중앙아시아 출신의 유목 민족입니다.

훈족의 압박 외에도 4세기 이후 북유럽과 동유럽을 덮친 기후 변화로 농업이 어려워진 점도 게르만족의 이동을 촉발한 원인이었죠. 추운 북쪽 지역에서 더 나은 삶을 찾아 남쪽으로 이동하려는 게르만족은 따뜻한 기후와 풍부한 자원을 가진 로마 제국의 영토를 목표로 삼았고요.

동시에 로마 제국 내부에서도 문제가 있었습니다. 3세기에는 군인 황제 시대라 불리는 혼란기가 도래했고, 4세기에는 디오클레티아누스 황제가 로마 제국을 네 곳으로 분할해 통치하는 테트라키아 체제를 도입하면서 내부 분열이 일어났죠. 그 결과 로마 제국은 점차 통제력을 상실했고 게르만족의 침입을 대비하기 어려워졌습니다.

게르만족의 대이동

훈족의 등장은 게르만족의 대이동을 가속화시켰습니다. 1~2세기에 걸쳐 몽골 초원에 있던 북흉노가 후한에 의해 중앙아시아 초원으로 밀려난 후 역사에서 사라졌죠. 그러나 그 후손들이 4세기 중반에 훈족이라는 이름으로 흑해 북쪽 남러시아 초원에서 부활했고 동고트족을 공격해 그들을 서쪽으로 몰아냈습니다. 그렇게 게르만족의 대이동이 시작되었지요.

고트족은 3세기 초에 동고트족과 서고트족으로 분열해 흑해 북안에 정착한 민족입니다.

훈족의 압박을 먼저 받은 동고트족은 훈족에게 항복하고 그들과 함께 서쪽으로 이동하며 다른 게르만족을 공격했죠. 반면 서고트족은 훈족을 피해 도나우강을 건너 남쪽 로마 제국으로 피난했고요. 서고트족은 게르만족 중 처음으로 로마 제국 내의 정착을 공식 인정받았습니다.

그 과정에서 로마와 서고트족은 378년 아드리아노플 전투에서 충돌합니다. 충돌 결과 서고트족은 로마군을 격파했고 이를 계기로 발칸반도를 지나 이탈리아로 진격해 410년 로마를 약탈할 수 있었습니다. 서고트족의 왕 알라리크 1세는 410년에 로마를 약탈해 로마 제국의 멸망을 가속화한 장본인이죠. 로마 제국

게르만족의 대이동

의 권위는 크게 손상되고 말았습니다.

서고트족은 이탈리아를 떠나 418년 현재의 프랑스 남부 아키텐에 서고트 왕국을 세웠고, 451년 훈족과 펼친 카탈라우눔 전투에서 로마군과 함께 훈족을 격퇴하는 데 중요한 역할을 했습니다. 이후 피레네산맥을 넘어 이베리아반도로 진출하며 세력을 확장했죠.

그러나 507년, 서고트족은 부이예 전투에서 프랑크 왕국의 클로비스 1세에게 패배해 수도를 이베리아반도의 톨레도로 옮길 수밖에 없었습니다. 서고트 왕국은 그곳에서 8세기 초 이슬람 세력에 의해 멸망할 때까지 존속했고요.

훈족과 동고트족의 관계는 복잡했습니다. 동고트족은 훈족에게 종속되었지만, 훈족의 지도자인 아틸라 사망 이후 독립을 시도했죠.

아틸라는 451년 카탈라우눔 전투에서 패배한 후 452년에 이탈리아를 침공했습니다. 이때 교황 레오 1세가 아틸라와 회담해 이탈리아에서 철수하도록 설득하니, 결국 아틸라의 이탈리아 원정은 실패로 끝나고 말았죠.

아틸라의 죽음 이후 훈 제국은 급속히 무너졌습니다. 하여 동고트족은 훈족의 압박에서 벗어나 로마와 동맹을 맺고 사바강과 드라바강 유역에서 살아갈 수 있었죠.

훈족의 침략은 서로마 제국의 약점을 적나라하게 드러냈고, 결국 476년에 이르러 게르만 용병대장 오도아케르가 로마 황제 로물루스 아우구스투스를 폐위시키고 스스로를 이탈리아의 왕이라 선언하며 서로마 제국은 공식적으로 멸망하고 말았습니다.

서로마 제국의 멸망

서로마 제국이 멸망한 476년은 유럽 역사에서 고대와 중세를 나누는 기준입니다. 오도아케르는 이탈리아를 다스리며 권력을 잡았으나, 곧 동고트족의 테오도리쿠스 대왕이 등장해 오도아케르를 격파하고 이탈리아에 동고트 왕국을 세웠습니다. 하지만 6세기 중반, 국토 회복을 목표로 한 동로마 제국의 유스티니아누스 1세의 공격으로 멸망하고 말았죠.

한편 서고트족이 로마를 약탈할 당시 로마의 남쪽 방어가 약해진 틈을 타 반달족이 라인강을 넘어 갈리아로 들어갔습니다. 반달족은 갈리아를 약탈한 후, 피레네산맥을 넘어 이베리아반도로 진입했죠.

북아프리카로 이동한 반달족은 439년 카르타고를 점령해 반달 왕국의 수도로 삼으며 약 한 세기 동안 북아프리카를 지배했지만, 533년 동로마 제국의 플라비우스 벨리사리우스 장군에 의해 멸망했습니다.

프랑크족은 앵글로색슨족과 함께 서로마 제국이 멸망한 이후 서유럽의 패권을 차지한 주요 민족인데요, 라인강 중류에서 하류에 걸쳐 살던 여러 부족의 연합체죠. 대표적인 부족으로는 중류의 리푸아리아족과 하류의 살리아족이 있습니다.

또한 프랑크족은 451년 아틸라가 침입했을 때 카탈라우눔 전투에서 훈족을 막아낸 주요 세력 중 하나였습니다. 살리아족 출신의 클로비스는 프랑크족을 통일하고 481년에 메로빙거 왕조를 개창했습니다. 이후 이민족 최초로 가톨릭을 받아들여 로마인들의 지지를 받았는데, 덕분에 서고트족을 격파하고 갈리아를 차지할 수 있었죠. 프랑크 왕국은 이후 서유럽의 중심 세력으로 자리를 잡았습니다.

게르만족의 대이동은 로마 제국의 붕괴와 중세 유럽의 성립을 이끈 역사적 사건입니다. 훈족의 압박과 로마 제국의 내부적 혼란이 결합해 게르만족의 이동을 촉발시켰고, 그 결과 서로마 제국이 멸망하고 말았죠.

동시에 게르만족은 유럽 전역에 자신들의 왕국을 세우며 중세 유럽의 사회적, 정치적 구조를 형성하는 데 중요한 역할을 했습니다. 특히 프랑크 왕국은 이후 유럽의 역사와 문화를 재편하며 중세 유럽의 기초를 다졌지요.

2부

암흑 같은 대흥망의 중세 유럽사

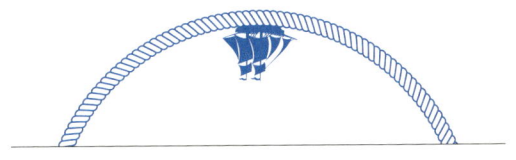

유럽의 영토적 경계와 정치적 구조의 근간

서로마 제국이 멸망하면서 서유럽에는 로마인들을 통치할 권력이 사라졌습니다. 통치 기구가 붕괴하자 범죄와 혼란이 급증할 수밖에 없었죠. 로마 황제를 대신할 누군가가 필요했습니다.

테오도시우스 1세 집권 시기부터 기독교는 로마의 국교로 자리 잡고 있었습니다. 하여 서유럽에선 자연스럽게 교황이 정치적, 종교적, 군사적 권력을 장악했죠.

당시 성경은 매우 귀했습니다. 대다수의 백성은 문맹이었기 때문에 성경을 읽을 수도 없었죠. 그러니 백성은 자신의 삶과 신앙의 규범을 성경을 통해서가 아니라 성직자를 통해 접할 수밖에 없었습니다.

성직자의 해석과 가르침이 곧 성경의 내용으로 받아들여졌고 자연스레 성직자들은 막강한 권위를 부여받았습니다.

성직자들의 우두머리인 교황은 성직자들에게 일정 지역을 다스리게 하며 지방을 분권화했는데, 서유럽에서 중앙집권 국가가 아닌 교회 중심의 봉건제와 장원제 국가가 등장한 이유 중 하나입니다.

중세 서유럽은 교황 중심의 기독교 사회였다고 요약할 수 있습니다. 교황은 신앙을 기반으로 조세와 행정뿐만 아니라 군사권까지 장악했죠. 교회의 권력은 세속적 영역을 넘어 영적 영역까지 확대되었고요. 교회는 서유럽 사회의 중심축으로 자리 잡았습니다.

반면 콘스탄티노플을 수도로 한 동로마 제국에선 황제가 여전히 강력한 권력을 유지했습니다. 동로마 제국의 황제들은 자신들이 로마 제국의 정통성을 계승한 진정한 로마의 지배자라고 자부했죠.

그러나 서유럽에서 교황의 권위가 높아지자 동로마 제국 황제들은 그들을 견제할 필요성을 느끼기 시작했습니다.

유스티니아누스 1세 시대의 동로마 제국 판도

동로마 제국의 전성기

✳

527년에 즉위한 유스티니아누스 1세는 옛 서로마 제국의 영토를 탈환해 유럽의 진정한 지도자가 교황이 아닌 자신임을 증명하고자 했습니다.

그는 북아프리카, 이탈리아, 스페인 등 서로마 제국의 옛 영토를 재정복하고자 대대적인 군사 원정을 준비했습니다. 그러나 전쟁 준비는 엄청난 비용이 소요되었고 로마 시민들에게 큰 부담으로 다가왔습니다.

그 결과로 532년, 콘스탄티노플에서 니카 반란이라는 대규모 시민 봉기가 일어납니다. 이 반란에서 유스티니아누스 1세는 일시적으로 대립 황제가 옹립되는 위기에 처하고 말죠. 그러나 그의 장군 벨리사리우스의 활약 덕분에 반란을 진압하고 권력을 유지할 수 있었습니다.

이 사건 이후 동로마 제국은 전제군주제가 더욱 강화되죠. 유스티니아누스 1세는 군사 및 정치적 권력을 바탕으로 제국을 확장하는 데 주력했고 그렇게 동로마 제국은 북아프리카의 반달 왕국, 이탈리아의 동고트 왕국 등을 정복하며 전성기를 구가합니다.

결국 유스티니아누스 1세는 로마 제국의 옛 영광을 되찾을 수 있었습니다. 그러나 이러한 확장은 제국의 재정 약화로 이어졌고 결국 반란과 분열을 야기시키고 말았죠.

유스티니아누스 1세의 영토 확장으로 동로마 제국의 위상이 높아지자 서유럽 교황은 강력한 군사력을 가진 동로마 황제에 대항하고자 새로운 동맹을 모색했습니다. 그때 교황이 선택한 인물이 바로 프랑크 왕국의 카롤루스 대제였죠.

프랑크족은 라인강 하류에서 기원한 게르만족의 일파입니다. 클로비스라는 인물이 프랑크족을 하나로 통합해 메로빙거 왕조를 창시했죠.

클로비스 1세는 496년에 로마 가톨릭(아타나시우스파)으로 개종하며 로마 가톨릭 교회의 지지를 얻었고, 그 결과 프랑크 왕국은 갈리아 지역에서 권력을 강화할 수 있었습니다. 하지만 클로비스 1세의 사후, 그의 영토는 살리카법에 따라 아들들에게 분할 상속되었습니다. 그러나 이는 세대가 지날수록 프랑크 왕국의 왕권이 분산되는 결과를 초래하고 말았죠.

8세기에 이르러 프랑크 왕국의 왕권은 명목상으로만 유지되었고, 실질적인 권력은 왕실의 재상(궁재)에게 넘어갔습니다. 그 시기에 이베리아반도를 장악한 무슬림 세력이 피레네산맥을 넘어 갈리아 지역으로 침공해 왔고요.

이를 막아낸 인물은 궁재직을 세습하던 피핀 가문의 카롤루스 마르텔이었습니다.

732년 투르-푸아티에 전투에서 그는 무슬림 군대를 격파하며 서유럽을 지켜냈고, 이후 그의 명성은 하늘을 찌를 기세였죠. 덕분에 피핀 가문은 프랑크 왕국에서 권력을 더욱 공고히 할 수 있었습니다.

751년에 이르러선 마르텔의 아들 피피누스 3세가 메로빙거 왕조의 마지막 왕을 수도원에 유폐시키고 카롤링거 왕조를 창시했습니다.

투르-푸아티에 전투

　자카리아 교황은 이 상황을 지켜보며, 강력한 군사력을 가진 피피누스 3세를 동맹으로 삼아 자신을 위협하는 롬바르드족을 제거하고자 했습니다. 피피누스 3세는 교황의 요청에 따라 롬바르드족을 정복한 후 정복지를 교황에게 넘겨주죠.
　그렇게 로마 교황령이 탄생했고, 교황과 프랑크 왕국 간의 우호적인 관계가 형성되었습니다.

프랑크 왕국의 전성기

피피누스 3세가 사망하자 그의 아들이 프랑크 왕국의 왕으로 즉위합니다. 그렇게 카롤루스 대제는 프랑크 왕국의 영토를 크게 확장시키며 서유럽 최강자로 부상하죠. 그는 774년 롬바르드족의 재반란을 제압하며 교황을 보호하니, 서유럽 내에서 군사적 우위를 확립할 수 있었고요.

800년, 교황 레오 3세는 카롤루스 대제를 서로마 제국의 황제로 임명합니다. 로마 교황이 동로마 제국의 위협에 맞서고자 카롤루스 대제의 군사력을 이용하기 위한 결정이었죠.

카롤루스 대제의 즉위로 서유럽에선 종교는 교황이, 정치는 황제가 담당하는 이중 지배구조가 형성됩니다. 이 이중 지배구조는 중세 서유럽 역사에서 중요한 뼈대로 작용하죠. 아울러 교황과 황제 간의 경쟁과 협력이 중세 유럽의 정치적, 사회적 발전을 이끄는 핵심 요소가 되었고요.

카롤루스 대제는 서유럽을 통합하고 프랑크 왕국을 강력한 제국으로 만들었습니다. 그러나 814년 그가 사망한 후 프랑크 왕국은 살리카법에 따라 그의 세 아들에게 분할되고 말았죠.

결국 형제들 간에 전쟁이 벌어졌고 843년 베르됭 조약이 체결되어 프랑크 왕국은 서프랑크, 중프랑크, 동프랑크 왕국으로

베르됭 조약으로 분할된 프랑크 왕국

분할되었습니다. 이 분할은 오늘날의 프랑스, 이탈리아, 독일의 기원으로 간주되며, 유럽의 중세 국가들이 형성되는 중요한 전환점이기도 합니다.

서프랑크 왕국은 현재의 프랑스 지역을 포함했고, 훗날 프랑스 왕국으로 발전했습니다. 중프랑크 왕국은 오늘날 이탈리아, 저지대 국가들을 포함했고, 훗날 여러 소규모 국가들로 분열했습니다. 동프랑크 왕국은 현재의 독일, 오스트리아, 스위스의 일부를 포함했고, 훗날 신성 로마 제국으로 발전했습니다.

또한 카롤루스 대제는 교회와 긴밀하게 협력하며 기독교를 서유럽 전역에 확산시켰습니다. 중세 유럽 사회에서 기독교가 지배적인 종교로 자리 잡는 데 기여했죠. 그의 정치적, 군사적 업적과 더불어 문화적 유산도 중세 유럽의 발전에 큰 영향을 미쳤지만 정작 본인은 문맹이었다고 합니다.

카롤루스 대제 이후 유럽은 정치적으로 분열되었지만, 교황과 황제 간의 관계는 여전히 중세 유럽의 정치적 중심축으로 남았습니다.

교황은 영적 권위로 정치적 영향력을 행사하려 했고, 황제는 세속적 권력으로 교회의 지지를 얻고자 했죠. 이 두 세력 간의 긴장과 협력이 중세 유럽 역사를 이끌었습니다.

카롤루스 대제의 통치와 그의 후손들이 각기 독립해 세운 다양한 국가들이 오늘날 유럽의 영토적 경계와 정치적 구조의 근간이라 할 수 있겠습니다.

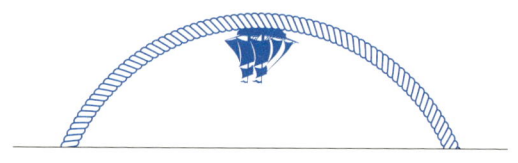

셀주크와 동로마의 충돌 속, 서유럽의 선택

9~10세기 서유럽은 혼란과 무질서의 시기를 겪었습니다. 서유럽 여러 지역에선 중앙집권적 통치가 약해졌고 바이킹의 침입과 내전도 빈번하게 일어났죠.

이러한 혼돈 속에서 서유럽은 봉건 제도가 정착하면서 각 지방 영주들이 세력을 확장하고 경쟁하는 시기로 변모하고 있었습니다.

반면 동유럽에선 상대적으로 안정된 권력이 이어졌죠. 이 지역을 지배한 동로마 제국은 5세기 서로마 제국의 멸망 이후로도 로마의 전통과 기독교 문화를 유지하며 강력한 중앙집권 체제를 이어갔습니다.

셀주크 제국의 전성기

    그러나 11세기에 들어서면서, 중앙아시아에서 새롭게 떠오른 튀르크계 셀주크 제국에 의해 동로마 제국은 심각한 위기에 직면합니다.

    셀주크 제국은 10세기 중반 튀르크 부족의 지도자인 셀주크 장군이 아랄해 동쪽 젠드 지역에서 건국한 국가로, 빠르게 성장해 강력한 세력으로 떠올랐습니다. 이후 실크로드를 따라 비교적 접근이 용이한 서쪽으로 진격해 세력을 확장했죠. 동쪽으로의 확장이 자연 장애물로 어렵다는 판단을 따랐고요.

셀주크 제국의 전성기

✷

1040년, 셀주크 제국은 가즈나 왕조와 펼친 단다나칸 전투에서 결정적인 승리를 거둡니다. 이 승리로 셀주크 제국은 호라산 지방을 장악하며 동방 이슬람 세계의 새로운 강자로 부상하죠. 이후 계속 서쪽으로 진군해 1055년에는 부와이 왕조가 지배하고 있던 압바스 왕조의 수도 바그다드를 점령합니다.

이로써 셀주크 제국은 이슬람 세계의 종교적 중심지와 정치적 권력을 동시에 손에 넣었고, 칼리프는 명목상 지위만 남게 되었습니다.

서방으로 확장을 멈추지 않던 셀주크 제국은 유럽으로 진출고자 아나톨리아반도를 목표로 삼았습니다. 1071년 만지케르트 전투에서 동로마 제국의 군대를 격파하며 로마노스 4세를 생포하는 성과를 거두죠. 이 전투의 결과로 아나톨리아반도의 상당 부분이 이슬람 지배하에 들어가면서 더 이상 기독교 세계의 영토로 남지 않게 되었습니다. 수많은 그리스인이 아나톨리아반도를 떠나야 했고 빈자리는 튀르크족이 채웠죠.

이제 동로마 제국의 수도 콘스탄티노플이 셀주크 제국의 다음 표적이 될 수 있는 위기에 봉착했습니다.

동로마 제국의 위기

동로마 제국이 셀주크 제국의 위협으로 흔들리자, 서유럽의 정치 질서도 변화의 조짐을 보이기 시작했습니다.

그동안 교황과 신성 로마 제국 황제는 막강한 동로마 황제를 견제하고자 연합할 필요가 있었으나 동로마 제국이 점점 힘을 잃으면서 교황과 황제는 더 이상 연합할 필요성을 느끼지 않았습니다. 오히려 패권 경쟁이 심화되었죠.

이 패권 경쟁에서 초기 승자는 교황이었습니다. 교황은 서유럽의 군사력을 장악할 기회를 노렸고 자신의 권위를 강화하려고 했습니다.

교황은 동로마 제국 수도 콘스탄티노플이 셀주크 제국에 의해 함락되면 그 다음 타깃은 서유럽이 될 거라 판단했습니다. 하여 교황은 동로마 제국이 붕괴하기 전에 군대를 동로마로 파견해 그곳에서 셀주크 제국과 싸워야 한다고 생각하죠. 서유럽 땅이 직접적인 전쟁터가 되는 걸 막기 위한 전략적 선택이었고요.

이러한 배경 속에서 시작된 게 십자군 원정입니다. 십자군 원정은 겉으로는 기독교 성지를 되찾겠다는 신앙심을 앞세웠지만, 사실 서유럽 방어를 위한 불가피한 선택이었죠.

아울러 동방으로 영토를 넓히려는 서유럽의 영주들, 전쟁으로 일확천금을 노리는 민중 등 다양한 욕망이 혼재한 가운데 십자군 원정은 11세기 말부터 수백 년에 걸쳐 간헐적으로 벌어졌습니다.

하지만 시간이 지나면서 십자군 원정의 목적은 달라집니다. 초기의 성지 탈환이라는 명분은 점차 희미해졌고 대신 정치적, 경제적 이익과 영토 확장이 중요한 목표로 부상하면서 십자군은 다양한 이해관계의 집합체로 변모했죠.

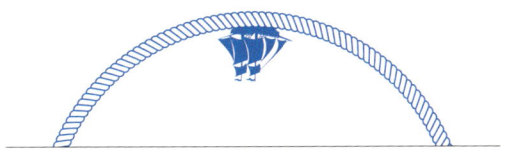

잉글랜드의 독자적이면서도 역동적인 역사

유럽 대륙의 역사에서 중세 중반까지 영국(잉글랜드)은 그다지 큰 역할을 하지 않았기 때문에 종종 간과되곤 합니다. 그러나 영국과 유럽 북동부 지역은 서로 다양한 방식으로 상호작용하며 긴밀하게 얽혀 있었습니다.

기원전 수천 년 전, 그레이트브리튼섬에 최초의 정착민들이 도착했습니다. 이들의 기원은 확실하지 않으나, 섬의 풍부한 자연 환경과 자원이 그들을 끌어들였을 것으로 추정되죠.

초기 정착민들은 농업과 어로에 종사하며 생계를 유지했고, 시간이 흐르면서 다양한 부족과 문화가 나타났습니다.

잉글랜드 역사의 출발

기원전 500년경, 켈트족이 발달된 철기 문화를 바탕으로 유럽 대륙에서 브리튼섬으로 이주합니다.

켈트족은 당시 유럽의 많은 지역에서 강력한 존재감을 나타내던 민족이었는데요, 그들은 이미 존재하던 섬의 정착민들과 융합해 새로운 문화를 형성했습니다.

그렇게 브리튼섬에는 다양한 켈트계 부족이 형성되었죠. 그들은 지리적 특성에 따라 잉글랜드 지역의 브리튼족, 스코틀랜드의 픽트족, 아일랜드의 게일족(광의의 '스콧족')으로 구분합니다.

1세기 중엽, 로마 제국의 클라우디우스 1세는 브리튼섬의 브리타니아(잉글랜드)를 침공해 로마의 속주로 삼았습니다. 로마는 비교적 평탄한 동쪽과 남쪽 지역에 한해 로마 문화를 확산시켰고, 로마의 지배하에 브리타니아는 비교적 안정적인 발전을 이룰 수 있었죠.

로마의 건축물, 도로망, 농업 기술은 브리타니아에 깊고 큰 영향을 끼쳤는데, 일부는 현재까지도 그 흔적이 남아 있습니다. 그러나 브리튼섬의 북쪽과 서쪽은 험준한 지형과 강한 저항으로 인해 로마화되지 않았죠.

2세기 초, 로마 황제 하드리아누스는 북쪽 픽트족과 서쪽 스콧족의 침입을 막고자 그 유명한 하드리아누스 방벽을 건설했습니다. 방벽은 로마의 국경을 방어하는 역할이었음에도 불구하고 픽트족과 스콧족은 때때로 방벽을 넘어 남하해 로마의 영토를 공격하고 약탈했죠.

브리튼섬의 고대사는 동남쪽의 풍부한 자원을 가진 지역이 서쪽과 북쪽의 부족들에 의해 지속적으로 침입과 약탈을 당하는 역사입니다. 이러한 구조는 자원이 부족한 북쪽 지역이 풍부한 자원이 있는 남쪽을 공격하는 중국 고대사와 유사하죠.

북쪽과 서쪽의 끊임없는 침공과 약탈에 시달리던 로마 제국은 결국 5세기 중반 브리타니아를 포기하고 철수합니다.

잉글랜드의 새로운 역사

수백 년간 로마의 지배를 받으며 로마군의 보호 아래 안전을 유지했던 브리튼족은 로마의 철수로 고립된 상황에 처합니다. 이제 그들은 자신들의 생존을 위해 새로운 전략을 강구해야 했죠.

브리튼족이 선택한 방법은 위험한 도박이었습니다. 그들은 북해 건너편에 있던 게르만족, 즉 유트족, 앵글족, 색슨족을 불러들여 자신들을 공격하는 픽트족과 스콧족을 막아내려 했죠.

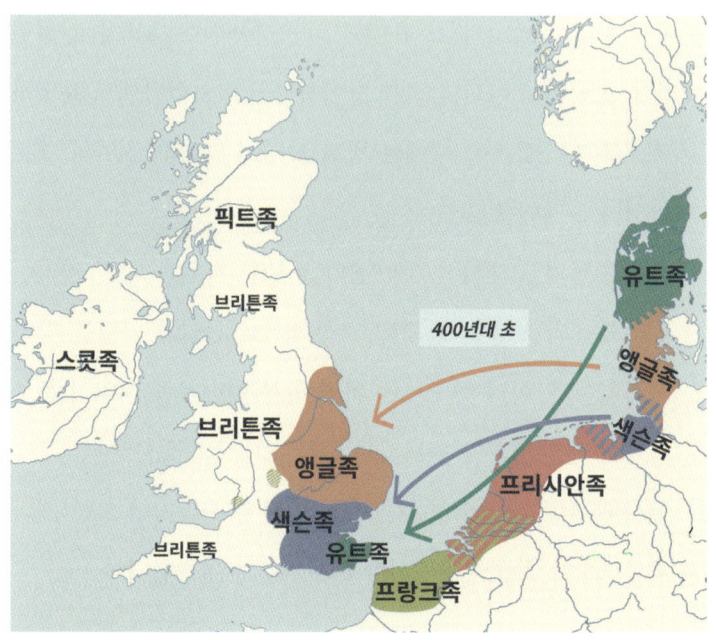

앵글로색슨족의 이동

아니나 다를까 외부의 군대를 끌어들여 문제를 해결하려는 전략은 새로운 문제를 야기했습니다. 바다로 가로막혀 그동안 쉽게 접근하지 못했던 게르만족이 초대받은 형식으로 브리튼섬에 상륙한 후, 단순히 외부의 적을 막는 걸 넘어 브리튼족까지 몰아내고 새로운 정착지를 개척한 것입니다.

즉 게르만족은 픽트족과 스콧족을 격퇴한 후에도 물러나지 않고 브리튼족의 땅을 차지해 앵글로색슨 왕국들을 세우기 시작했습니다. 잉글랜드의 새로운 역사가 시작된 거죠.

이 시기, 서쪽으로 밀려난 브리튼족을 '웨일즈인(Welsh)'이라고 부릅니다. '웨일즈(Wales)'라는 이름은 게르만족의 언어에서 '이방인'을 의미하는 단어에서 유래했고요.

한편 브리튼족 중 일부는 아예 유럽 대륙으로 이주해 현재의 프랑스 브리타뉴 지방을 건설했습니다.

5세기부터 7세기에 걸쳐 게르만족은 브리튼섬에 여러 왕국을 세웠습니다. 이 시기를 '7왕국의 시대'라고 부르는데, 세 개의 색슨족 왕국(웨식스, 서식스, 에식스)과 세 개의 앵글족 왕국(노섬브리아, 머시아, 동앵글리아)과 한 개의 유트족 왕국(켄트) 등 대표적인 일곱 개의 왕국이 존재했기 때문입니다. 그러나 실제로는 그보다 더 많은 중소 국가들이 형성되어 있었죠.

8세기 후반부턴 또 다른 변화가 잉글랜드에 나타났습니다. 유틀란트반도에 거주하던 데인족(덴마크인)이 해적과 무역을 겸하며 잉글랜드로 들어오기 시작한 것이죠.

그들은 종종 해안가 마을을 약탈하고, 점차 내륙으로 진출해 정착지를 세웠습니다. 데인족의 침입은 잉글랜드의 여러 왕국들에게 새로운 도전 과제가 되었고, 이러한 위기 속에서 앵글로색슨 왕국들은 데인족과 맞서 싸우고자 노력했죠.

9세기 후반, 알프레드 대왕은 웨식스 왕국을 중심으로 데인족에 맞서 방어를 강화하는 한편 데인족과의 평화 협정으로 비교적 안정된 영토를 확보하는 데 성공했습니다.

그러나 데인족의 잦은 침입은 잉글랜드의 정치적 지형을 바꾸는 중요한 요인으로 작용했습니다.

잉글랜드 역사의 전환점

11세기 초에는 또 다른 세력이 잉글랜드를 주목했습니다. 바로 노르망디의 노르만족이었죠.

한편 우리나라의 몇몇 유럽사 책에선 노르만족과 노르드족을 섞어 사용하고 있습니다. 이들은 같은 혈통이기 때문에 꼭 틀리다고 할 순 없습니다만, 엄밀히 말하면 노르만족과 노르드족은 다른 사람들이죠.

'바이킹'이라고 불리는 노르드족은 스웨덴어로 '북방에서 온 사람들'에서 유래했고, 영어로 하면 '놀스맨(Northman)'입니다. 주로 덴마크와 스웨덴 남부, 노르웨이 남부에 살았고요.

동쪽으로 진출해 러시아, 우크라이나, 벨라루스 등 '노르딕 국가(North Countries)'들을 건국하기도 했습니다. 또한 서북쪽으로 항해해 그린란드를 넘어 캐나다의 뉴펀들랜드까지 진출하기도 했죠. 크리스토퍼 콜럼버스가 태어나기 수백 년 전에 이미 아메리카 대륙을 발견한 사람들입니다.

그들은 8세기부터 이미 유럽 대륙의 거의 모든 해역에 출몰해서 약탈을 자행해 왔습니다. 그들이 사용한 전술은 적의 해안가에 기습적으로 상륙해 마을을 약탈한 후 도망치는 '히트 앤드 런(Hit and Run)'이었죠.

약탈을 빠르게 하고자 배의 앞뒤를 구분 없이 만들었는데요, 그들은 처음에는 히트 앤드 런 전술을 사용했지만 시간이 지나면서 점차 하천을 거슬러 내륙으로 진출해 일정 영토를 점령한 후 국가를 만들기도 했습니다.

그렇게 유럽 대륙에 정착한 노르드족 중에서 대표적인 사람들이 바로 노르만족입니다.

노르만족은 9세기 후반 프랑스 북서부 해안을 습격하다가, 10세기 초가 되자 프랑크 왕국의 북부인 센강 유역에 정주지를 건설합니다. 그들이 살았던 곳을 노르망디라고 부르는데, 제2차 세계대전에서 상륙작전이 펼쳐진 바로 그곳입니다.

따라서 엄밀히 말하면 노르만족은 노르드족과 노르망디 지역의 토착 갈리아족이 섞여 구성된 민족입니다.

이 노르만족의 후예들이 본래 뛰어난 항해술에 유럽 대륙의 선진 기병기술을 접목한 후 1066년 본격적으로 브리튼섬을 정복하러 출전한 것입니다.

1066년, 당시 잉글랜드 국왕 참회왕 에드워드가 왕위 계승자 없이 사망하고 맙니다. 이에 그의 처남인 해럴드 2세가 왕위를 차지하자 노르만족의 지도자 노르망디공 윌리엄 1세(정복왕 윌리엄)가 이의를 제기하죠.

그렇게 일어난 전투가 헤이스팅스 전투입니다. 윌리엄 1세는 이 전투에서 승리하며 잉글랜드를 정복한 후 잉글랜드의 새로운 왕으로 즉위해 노르만 왕조를 개창했습니다.

그렇게 잉글랜드의 역사는 새로운 전환점을 맞이하죠. 윌리엄 1세는 영국 왕가 역사에서 결정적인 변화를 가져온 중요한 군주로 볼 수 있고요.

섬이라는 특징은 두 가지 문화를 만들어낼 수 있습니다. 하나는 대륙과 단절된 채 독단적인 문화를 형성하는 것이고, 다른 하나는 대륙의 문화를 받아들여 복합적인 문화를 만들어내는 것입니다.

동아시아의 섬나라 일본의 경우 당나라가 쇠퇴하자 9세기에 견당사 파견을 중지했고, 이후 비교적 독자적인 문화를 발달시켰습니다.

반면 노르만족의 잉글랜드 정복은 잉글랜드의 정치, 사회, 문화 전반에 걸쳐 심대한 영향을 끼쳤습니다. 특히 영어와 법률,

토지 제도, 귀족 사회의 구조 등 많은 측면에서 노르만 문화가 융합된 새로운 잉글랜드가 탄생했죠.

따라서 영국 고대사는 다양한 민족의 침입과 정착, 그리고 그들 간의 복잡한 상호작용으로 이뤄진 역동적인 역사라고 볼 수 있습니다.

그렇게 영국은 독자적인 정체성을 형성하면서도 동시에 유럽 대륙의 역사와 밀접한 연관을 맺으며 발전해 왔습니다.

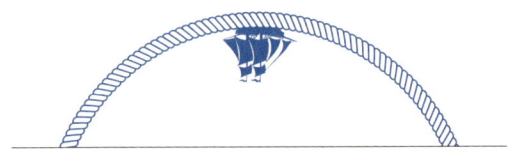

문명의 충돌이자
근세의 출발점으로서

 십자군 전쟁은 11세기 말부터 13세기 말까지 유럽의 기독교 연합군과 이슬람 세력이 예루살렘과 그 주변 지역을 차지하고자 벌인 일련의 전쟁입니다. 전쟁이 펼쳐질 당시 사람들은 십자군 전쟁을 '전쟁'이라 부르지 않고 '성지로 가는 길'이라고 했죠. 참가자들은 '순례자'라고 불렸고요. 그들은 무기를 들고 떠나는 특이한 형태의 순례길을 나섰습니다.

 서유럽은 1071년 동로마 제국이 만지케르트 전투에서 셀주크 제국에 패배하며 이슬람 세력에게 위협받는 상황을 똑똑히 지켜봤습니다. 동로마 제국이 더 이상 유럽의 방어선으로서 강력하지 않음을 드러낸 사건이었죠. 이슬람의 위협을 인지한 교황 그레고리오 7세는 동로마 제국의 요청 없이도 직접 군대를 이끌고 동방으로 출정하려는 전략을 세웁니다.

이런 상황에서 1081년 즉위한 동로마 제국의 알렉시오스 1세가 서유럽에 도움을 요청하죠.

카노사의 굴욕

십자군이 교황을 중심으로 출발할 수 있었던 건 교황이 서유럽의 여느 황제나 왕보다 우위에 있었기 때문입니다. 그러나 11세기 중반까지도 신성 로마 제국, 프랑스, 잉글랜드의 왕권은 교황권과 맞서 싸우고 있었습니다.

이 권력 관계가 교황 쪽으로 확실히 기울어진 사건이 바로 1077년에 일어난 카노사의 굴욕입니다. 교황 그레고리오 7세는 자신이 직접 출전하는 동안 서유럽의 교회를 보호할 책임자로 신성 로마 제국의 하인리히 4세를 지목하고, 하인리히 4세는 이를 받아들였습니다.

그러나 둘의 관계는 서임권 문제로 곧 악화되고 맙니다. 하인리히 4세가 교황을 비난하자 그레고리오 7세는 그를 파문해 버린 거죠. 유럽의 귀족들은 눈치를 보다가 교황의 편에 섭니다.

결국 하인리히 4세는 1077년 겨울, 카노사의 성에서 교황에게 사죄했고 파문이 철회됩니다. 이 사건으로 교황권이 황제권을 지배한다는 사실이 명확해지죠. 동시에 교황이 유럽을 통합하고 십자군 전쟁을 시작할 수 있는 기반이 마련되었습니다.

제1차 십자군 전쟁

그레고리오 7세는 계획을 실현하지 못한 채 1085년에 사망했습니다. 뒤를 이어 즉위한 우르바노 2세가 십자군 결성 작업을 이어받았죠. 그는 대중을 상대로 십자군 모집을 독려하는데, 십자군 전도사 은자 피에르의 감정적 연설로 많은 사람이 모입니다.

초기 십자군은 군인뿐만 아니라 노인, 여성, 아이 등 다양한 계층이 참여한 일종의 순례였습니다. 하여 이들을 '민중 십자군'이라 부릅니다. 공식 출정일인 1096년 8월 15일 이전에 출발한 민중 십자군은 준비 부족과 무질서로 대부분 전사하고 말았죠.

반면 제1차 십자군 본대는 고드프루아 드 부용의 지휘 아래 출발해 콘스탄티노플에 도착합니다. 동로마 제국의 황제 알렉시오스 1세와 협정을 맺은 십자군은 1097년 니케아를 함락한 후, 안티오크와 에데사를 점령하고, 1099년 6월 예루살렘을 정복하

제1차 십자군의 첫 번째 파병대를 이끌고 있는 은자 피에르

기에 이릅니다. 같은 해 8월에는 아스칼론 전투에서 이집트 파티마 왕조를 격파했고요.

제1차 십자군은 레반트 지역에 예루살렘 왕국, 안티오크 공국, 에데사 백국, 트리폴리 백국 등 기독교 국가들을 세우고 통치를 이어갔습니다.

제2차 십자군 전쟁

✳

제1차 십자군 전쟁에서 예루살렘을 상실한 셀주크 제국은 주요 도시를 탈환하고자 전열을 정비하고 있었습니다. 같은 시기, 셀주크 제국의 모술을 통치하던 이마드 앗 딘 장기는 알레포를 점령하고 세력을 넓혀가며 기회를 엿보고 있었고요.

1143년, 예루살렘의 왕이자 안티오크 공국을 다스리던 풀크가 사냥 중 낙마 사고로 사망하고 맙니다. 이를 기회로 삼은 장기는 에데사 백국을 목표로 지하드(성전)를 준비했고, 1144년에 에데사를 함락합니다. 그렇게 장기는 이슬람 세계에서 강력한 지도자로 부상하지만, 1146년에 암살당하고 말았죠.

에데사 함락 소식은 유럽에 큰 충격을 줬습니다. 교황 에우제니오 3세는 유럽 기독교인들에게 다시 한번 성지 순례를 촉구하는 교서를 발표하고, 프랑스의 루이 7세와 신성 로마 제국의 콘라트 3세 등 유럽의 귀족들이 십자군 원정에 참여할 걸 서약하죠.

먼저 출발한 부대는 플랜더스, 노르만, 잉글랜드의 연합군이었습니다. 그들은 1147년 5월 잉글랜드에 모여 남쪽으로 항해를 시작했죠.

항해 중 포르투갈을 지날 때, 이슬람 세력이 리스본을 포위

12세기 중반의 지중해 동해안

하고 있어 포르투갈의 알폰소 1세가 십자군의 도움을 요청한다는 소식을 들었습니다.

그냥 지나치자는 의견도 있었지만 알폰소 1세가 도시를 점령한 후 약탈을 허용하겠다고 발표하죠. 그러자 십자군은 3개월에 걸친 공방 끝에 리스본을 함락시킵니다. 이듬해 봄, 십자군은 전리품을 배에 가득 싣고 동방으로 향했습니다.

한편 콘라트 3세가 이끄는 신성 로마 제국군은 1147년 5월 레겐스부르크를 출발해 9월 콘스탄티노플에 도착합니다.

그러나 동로마 황제 마누일 1세는 신성 로마 제국군을 탐탁치 않게 생각했습니다. 십자군이 진군 중 콘스탄티노플 외곽을 약탈했기 때문이었죠. 마누일 1세는 서둘러 그들을 보스포루스 해협을 건너 이슬람 세력권으로 보내려 했습니다.

그러나 콘라트 3세가 프랑스군을 기다리지 않고 서둘러 진격한 건 좋지 않은 결과를 초래하죠.

1147년 10월 도리라에움 전투에서 셀주크군에 결정적으로 패배하면서 니케아로 후퇴하고 맙니다. 이후 그는 그곳에서 루이 7세의 프랑스군이 도착하길 기다립니다.

프랑스의 루이 7세가 이끄는 십자군은 1147년 6월에 출발해 10월 콘스탄티노플에 도착했습니다.

니케아에서 만난 콘라트 3세와 루이 7세는 전략을 논의했고, 그 결과 아나톨리아 중부를 피하고 에게해와 지중해 연안을 따라 진군하기로 결정하죠.

그러나 이 진군도 쉽지 않았습니다. 셀주크군이 계속해서 견제하고 병참선을 교란했기 때문이었죠. 동로마 제국과의 갈등도 지속되어 때때로 충돌과 유혈 사태가 발생했고요. 심지어 마누

1148년 다마스쿠스 공방전

일 1세가 십자군이 이슬람군에 패배하도록 방해하고 있다는 소문까지 돌았습니다.

    이런 상황에서 제2차 십자군의 원래 목적이었던 에데사 탈환은 점점 더 어려워졌습니다. 하여 대신 다마스쿠스를 공격하기로 결정했지만, 1148년 7월 시작된 다마스쿠스 공략은 결국 실패로 끝나고 말았죠.

콘라트 3세는 배를 타고 콘스탄티노플로 돌아갔고, 루이 7세는 동로마 제국의 방해가 실패 원인이라고 생각했습니다.

에데사 탈환과 다마스쿠스 공략 모두 실패하면서 제2차 십자군 원정은 큰 성과 없이 끝나고 말았죠.

유럽으로 돌아온 루이 7세는 동로마 제국에 복수를 계획했으나 교황의 반대로 무산됩니다. 이후 서유럽에선 동로마 제국이 더 이상 자신들에게 도움이 되지 않는다는 인식이 강하게 퍼져나갔죠.

제2차 십자군의 실패는 십자군 전쟁의 성격을 단순한 성지 회복에서 동서 기독교 국가 간의 정치적 대립으로 확장시키는 계기가 되었습니다.

제3차 십자군 전쟁

✳

제2차 십자군 전쟁이 종료된 후, 이슬람 세력은 북쪽의 시리아 세력과 남쪽의 이집트 세력으로 나뉘었습니다.

양측의 권력 다툼 끝에 쿠르드족 출신의 장군 살라흐 앗 딘 유수프 이븐 아이유브, 즉 살라딘이 이슬람권의 통일을 이끌어 냈죠.

1187년 그는 이슬람 세계를 통일한 후 하틴 전투에서 십자군을 상대로 결정적인 승리를 거뒀고, 그 결과 예루살렘은 살라딘의 군대에 의해 점령되었습니다. 그렇게 예루살렘 왕국은 대부분의 영토를 상실하고 쇠퇴했죠.

예루살렘 함락 소식은 유럽에 빠르게 전해졌습니다. 교황 그레고리오 8세는 칙령을 발표해 새로운 십자군을 모집했고 잉글랜드의 리처드 1세, 프랑스의 필리프 2세, 신성 로마 제국의 프리드리히 1세와 같은 유럽의 주요 군주들이 제3차 십자군 원정에 나서기로 했죠.

1189년 4월, 프리드리히 1세가 먼저 십자군을 이끌고 출발했습니다. 그러나 이듬해 소아시아의 살레프강을 건너던 중 익사하고 말았죠. 그의 죽음은 십자군에게 큰 충격을 줬습니다. 많은 병사가 그를 잃은 충격과 지휘 체계의 혼란으로 귀환하거나 흩어졌으니 말입니다.

그런 한편 잉글랜드의 리처드 1세와 프랑스의 필리프 2세는 1190년 7월에 각각 출발해 9월에 시칠리아에서 합류했고, 이후 각각의 경로를 따라 출발했습니다. 필리프 2세는 1191년 4월 지중해 동부 아크레로 향했고 리처드 1세는 6월 키프로스를 점령한 후 아크레로 향했죠.

제3차 십자군은 1191년 7월 아크레를 성공적으로 점령해 중요한 항구 거점을 마련했습니다. 그러나 아크레 점령 이후 필리프 2세는 프랑스로 돌아가고 말았죠. 홀로 남은 리처드 1세가 십자군을 이끌어야 했습니다.

리처드 1세는 1191년 9월 아르수프 전투에서 살라딘의 군대를 격파하며 예루살렘으로 진격했지만, 예루살렘을 함락하진 못했습니다.

예루살렘의 방어가 너무 견고했고, 병참 문제와 더불어 전력 손실을 감당할 수 없었기 때문입니다. 결국 리처드 1세는 후퇴를 결정합니다.

리처드 1세와 살라딘 간의 대결은 이듬해까지 이어졌지만, 양측은 뚜렷한 승부를 가리지 못했습니다. 이에 따라 1192년, 양측은 3년간 휴전하기로 합의하죠. 협정에 따라 기독교 순례자들은 무기만 소지하지 않는다면 예루살렘을 자유롭게 방문할 수 있게 되었습니다.

제3차 십자군은 예루살렘을 회복하는 데는 실패했지만, 일부 성지 순례의 자유를 보장받는 성과를 거두며 마무리되었습니다.

제4차 십자군 전쟁

✶

1198년, 30대의 열정적인 교황 인노첸시오 3세가 즉위합니다. 그는 성지 예루살렘이 이슬람 세력에 넘어갔다는 사실을 받아들일 수 없었고, 곧 십자군 원정을 추진하죠.

제4차 십자군이 조직되었습니다. 제3차 십자군의 리처드 1세처럼 해상으로 이슬람을 공격하기로 결정하고, 항구 도시 베네치아의 도제(지도자) 엔리코 단돌로와 협력해 이집트로 향할 함대 임대차 계약을 체결합니다.

역사상 최대의 함대가 목표지인 이집트로 출발할 준비를 마쳤습니다. 그러나 제4차 십자군은 계약된 임차금의 3분의 1밖에 지불하지 못하죠.

시간이 지나도 상황이 나아질 기미가 보이지 않자, 베네치아는 타협안을 제시합니다. 달마티아 연안의 자다르를 공격하고 약탈해 부족한 임차금을 충당하자는 것이었죠. 자다르는 기독교 도시였기 때문에 십자군은 망설였지만 다른 선택의 여지가 없었습니다.

1202년, 십자군은 자다르를 공격해 점령했습니다. 그러나 약탈로도 여전히 베네치아에 지불해야 할 금액은 부족했지요.

이때 동로마 제국의 내분으로 축출된 황제 이사키오스 2세의 아들 알렉시오스 4세가 십자군에게 도움을 요청했습니다. 그는 아버지를 축출한 숙부 알렉시오스 3세를 몰아내고 아버지를 복위시켜주면 십자군의 자금 문제를 해결해주겠다고 제안하죠.

십자군은 다시 한번 기독교 국가를 공격하기로 결정하고, 1203년 6월 동로마 제국의 수도 콘스탄티노플로 향합니다.

얼마간의 전투 끝에 알렉시오스 3세는 많은 재화를 챙겨 도망쳤고, 이사키오스 2세는 아들 알렉시오스 4세와 함께 공동 황제로 즉위했습니다. 그러나 이사키오스 2세는 시력을 잃었기 때문에 실질적으로 알렉시오스 4세가 통치했죠.

황제가 된 알렉시오스 4세는 십자군에게 약속한 자금을 마련하고자 무리하게 세금을 걷었고, 콘스탄티노플 내에서 불만이 커졌습니다. 게다가 십자군도 전리품을 확보하고자 도시를 약탈하자 민중의 분노가 폭발해 쿠데타가 일어났죠.

쿠데타 결과 알렉시오스 4세는 감옥에 갇혀 사망했고, 이어 무르츠풀루스(굵은 눈썹) 알렉시오스 5세가 황제로 즉위했습니다. 알렉시오스 5세와 십자군 사이의 협상이 결렬되자, 1204년 4월 십자군은 콘스탄티노플을 다시 공격했죠.

알렉시오스 5세는 도망쳤고 십자군은 콘스탄티노플을 함락했습니다. 이후 도시는 무차별적인 약탈과 폭력, 살인, 방화로 큰 피해를 입고 말았죠. 수많은 예술품과 문화유산이 파괴되거나 유럽으로 반출되었습니다.

1204년 5월, 십자군은 점령한 동로마 제국의 영토에 라틴 제국을 세웁니다. 이제 동로마 제국은 니케아 제국, 트레비존드 제국, 에피루스 공국 등 여러 소국으로 분열되었죠.

라틴 제국은 57년 동안 지속되었습니다. 그러나 1261년 니케아 제국의 황제 미하일 8세가 콘스탄티노플을 탈환하면서 라틴 제국은 멸망하고 동로마 제국이 부활하죠. 결국 동로마 제국은 팔레올로고스 왕조로 재건되었습니다.

제5차 십자군 전쟁

교황 인노첸시오 3세는 제4차 십자군이 실패로 끝나자 곧바로 새로운 십자군 원정을 계획했습니다. 그러나 그가 1216년에 사망하면서 제5차 십자군 준비는 교황 호노리오 3세가 이어받죠.

제5차 십자군의 목표는 예루살렘을 직접 공격하는 게 아니라 이슬람 세력의 핵심 거점인 이집트 카이로를 먼저 점령하는 것이었습니다.

1218년, 제5차 십자군은 이집트 나일강 삼각주에 위치한 다미에타에 상륙해 공성전을 시작합니다. 다미에타는 이집트로 가는 중요한 관문이었기 때문에 다미에타 장악은 전략적으로 매우 중요한 목표였습니다.

십자군은 1년 이상의 공성전 끝에 드디어 다미에타를 점령합니다. 이집트의 아이유브 왕조 술탄 알 카밀은 나일강 상류에 위치한 만수라로 후퇴해 방어 태세를 갖춰야 했죠.

십자군이 다미에타를 점령한 후, 양측은 예루살렘과 다미에타를 교환하는 협상을 시도했지만 합의에 이르지 못했습니다. 이때까지도 알 카밀은 십자군이 다미에타를 계속 점령하는 걸 막고자 여러 차례 협상을 시도했으나 실패로 돌아갔죠.

1221년 7월, 십자군은 다미에타에 소수의 수비군만 남겨둔 채 카이로를 향해 진군했습니다. 그러나 그들은 나일강을 따라 진군하면서 강의 범람 같은 지형적 장애를 잘 파악하지 못했습니다.

만수라에 도착한 십자군은 알 카밀의 군대와 맞닥뜨렸고, 보급이 끊긴 상황에서도 치열하게 맞섰지만 패배하고 말았습니다. 제5차 십자군은 큰 손실을 입은 채 다미에타를 포기하고 철수할 수밖에 없었죠.

결과적으로 제5차 십자군 원정은 다미에타를 점령하는 데 성공했지만, 주요 목표였던 이집트 카이로를 점령하지 못한 채 실패로 끝났습니다.

이슬람의 지리적 특성과 군사적 대응을 제대로 파악하지 못한 점과 보급 문제에 대한 과소평가가 실패의 주요 원인이었습니다.

제6차 십자군 전쟁

제5차 십자군의 패배 이후, 비난의 화살은 신성 로마 제국의 황제 프리드리히 2세에게도 향했습니다. 제5차 십자군이 출발하기 전에 십자가 서약을 했음에도 불구하고 이행하지 않았기 때문이었죠.

1221년, 교황 호노리오 3세는 프리드리히 2세에게 서한을 보내 그를 강하게 질책했습니다. 이에 프리드리히 2세는 반드시 십자군에 출전하겠다고 약속하지만, 시간이 도래하자 그는 또다시 출전 연기를 요청했죠.

1227년, 호노리오 3세가 사망하고 그레고리오 9세가 새로운 교황으로 즉위했습니다. 그러나 그레고리오 9세의 즉위 후에도 프리드리히 2세는 출전을 계속 미뤘죠. 이에 교황은 프리드리히 2세가 의도적으로 출전을 피하고 있다고 생각해 그를 파문하기에 이릅니다.

그러나 프리드리히 2세가 꼭 출전을 기피한 건 아니었습니다. 출발 직전, 그의 군대에 역병이 돌아 원정을 실행할 수 없는 상황이 발생하기도 했으니까요.

또한 그는 이집트의 술탄 알 카밀과 비밀리에 예루살렘 반환을 협상하고 있었죠. 협상이 타결되면 십자군 원정을 가지 않아도 큰 성과를 얻을 수 있다고 판단한 것이었습니다.

알 카밀과의 협상에서 성과를 보이자, 1228년 프리드리히 2세는 교황에게 파문당한 상태에서 제6차 십자군을 이끌고 원정을 떠났습니다.

1229년 2월, 그는 알 카밀과 조약을 체결하는 데 성공하죠. 협정에 따라 예루살렘, 나사렛, 베들레헴 등이 기독교에게 반환되었으나 조건이 따랐습니다.

첫째, 예루살렘은 무방비 도시로 남아야 했고 성채를 이용해 방어하는 건 금지되었습니다.

둘째, 무슬림들은 현재의 사회적 지위를 유지한 채 예루살렘에 계속 거주할 수 있었습니다.

셋째, 향후 10년 동안 서로를 공격하지 않기로 했으나 이 기간이 끝나면 이슬람 세력이 얼마든지 예루살렘을 탈환할 수 있는 가능성이 열려 있었습니다.

이와 동시에, 프리드리히 2세는 파문된 상태에서 십자군 원정을 떠났다는 문제가 남아 있었죠. 그는 교황에게 파문 철회를 요청했으나 그레고리오 9세는 받아들이지 않았습니다. 그렇게 내전(열쇠 전쟁)이 발발합니다. 열쇠 전쟁은 1230년 산 제르마노 조약 체결로 끝나고, 조약에 따라 교황은 프리드리히 2세의 파문을 철회해야 했습니다.

제7차 십자군 전쟁

프리드리히 2세와 알 카밀 간의 협정은 10년간 유효한 조약이었기에 1239년에 만료되었고 예루살렘은 다시 이슬람 세력의 위협에 직면합니다.

이 시기 동쪽에선 몽골의 칭기즈 칸이 1220년부터 호라즘 제국을 공격하며 서진하고 있었습니다. 몽골군에게 패한 호라즘 군대는 페르시아를 가로질러 도망치며 점점 서쪽으로 이동했고요. 결국 1244년, 호라즘 군대는 아이유브 왕조와 동맹을 맺고 예루살렘을 공격해 함락합니다.

예루살렘 함락 소식은 유럽에 큰 충격을 줬습니다. 프랑스의 젊고 신앙심 깊은 국왕 루이 9세는 십자군 원정에 나설 것을 맹세했고 그의 지도 아래 제7차 십자군이 조직되었습니다.

파리스크르 전투에서 포로로 잡힌 루이 9세

1249년 6월, 그의 십자군은 이집트 다미에타에 도착합니다.

제7차 십자군은 이전의 제5차 십자군 원정 경험을 반영해 다미에타를 신속하게 함락하는 데 성공합니다. 한편 당시 아이유브 왕조를 통치하던 앗 살리흐 역시 제5차 십자군 때의 경험을 되살려 만수라로 철수하며 방어 태세를 갖추죠. 이에 루이 9세는 전력을 다해 카이로로 진격하기로 결정하지만 제5차 십자군의 실수를 반복하고 맙니다.

1250년 2월, 그는 만수라에서 앗 살리흐의 군대에 포로로 잡히고 말았습니다. 루이 9세는 몸값을 지불하고 겨우 풀려나 이집트를 떠났고, 이후 레반트의 기독교 도시국가로 이동해 머물렀죠. 1254년이 되어서야 루이 9세는 프랑스로 돌아갈 수 있었습니다.

제8, 9차 십자군 전쟁

프랑스로 돌아온 루이 9세는 다시 한번 십자군 서약을 하고 성지로의 출전을 결심합니다. 이번 원정에는 잉글랜드의 헨리 3세도 참여 의사를 밝혔고요.

1270년, 이탈리아 남부 칼리아리에서 집결하기로 했지만 헨리 3세는 아들 에드워드(훗날 에드워드 1세)를 대신 보내겠다고 알려왔습니다. 하여 루이 9세는 홀로 출발하죠.

이번 십자군 원정의 목표는 이집트가 아닌 북아프리카의 튀니스(고대 카르타고)였습니다.

1270년 7월, 루이 9세는 카르타고에 도착해 요새를 점령하는 데 성공했지만 건강이 악화되어 8월에 사망하고 말았습니다. 루이 9세의 죽음으로 제8차 십자군은 큰 진전을 이루지 못한 채 11월에 시칠리아로 철수해야 했죠.

제8차 십자군이 돌아간 시점에 잉글랜드의 황태자 에드워드는 자신의 십자군을 이끌고 시칠리아에 도착했죠. 그는 시칠리아에서 겨울을 보낸 후, 이듬해 성지를 향해 출발하기로 결정했고요.

1271년 5월, 그는 십자군 국가들의 주요 거점 중 하나였던 아크레에 도착합니다. 에드워드는 그곳에서 맘루크 왕조의 술탄 바이바르스와 여러 차례 전투를 벌였으나, 큰 성과를 거두진 못했습니다.

1272년 여름, 에드워드는 맘루크의 암살자에게 중상을 입었고 더 이상 전쟁을 지속하기 어려워졌습니다. 그는 바이바르스와 10년 10개월 동안의 휴전 협정을 체결하고 잉글랜드로 돌아갔습니다. 이로써 제9차 십자군 원정도 큰 성과 없이 마무리되었죠.

후기 십자군 전쟁

십자군은 일반적으로 제1차부터 제8차 또는 제9차까지를 의미합니다. 그러나 이후에도 '후기 십자군'이라 불리는 군사 원정이 몇 차례 더 있었습니다. 후기 십자군은 중세 후기에 일어난 여러 군사적 충돌로, 성지 회복보다는 확장하는 이슬람 세력에 대한 방어적 성격이 강했고요.

대표적인 예로 1396년에 헝가리의 지기스문트 왕과 프랑스 귀족들이 오스만 제국의 확장을 막고자 연합군을 조직했습니다. 그러나 니코폴리스 전투에서 오스만 제국의 술탄 바예지트 1세에게 크게 패배하고 말았죠.

이 전투는 당시 오스만 제국의 군사적 위력과 서유럽의 군사력이 대조된 사건입니다. 이후 유럽은 오스만 제국의 위협을 체감하게 되었습니다.

1444년, 오스만 제국의 세력 확장을 저지하고자 헝가리의 울라슬로 1세의 지원하에 십자군이 결성되었습니다. 그러나 불가리아의 바르나에서 벌어진 전투에서 십자군은 패배하고 말았죠. 이 패배로 발칸반도는 오스만 제국의 지배하에 들어갔습니다. 이후 유럽은 오스만 제국에 대한 방어적인 자세를 취해야 했습니다.

제9차 십자군 이후에도 몇 차례 십자군이 조직되었습니다. 그러나 이런 원정들을 정규 차수로 포함하지 않는 이유는 십자군의 본래 목적이 변질되었기 때문입니다.

원래 십자군은 성지 예루살렘과 그 주변 지역을 탈환하기 위해 결성되었지만, 후기 십자군은 주로 이슬람 세력의 팽창을 저지하기 위한 방어적 성격이 강했습니다. 또한 후기 십자군은 교황에게 대항하는 내부 세력을 제거하기 위한 목적으로도 결성되었습니다.

이러한 이유들로 제9차 십자군 이후의 군사 원정들은 정규 십자군으로 간주되지 않습니다.

십자군 전쟁은 정규 차수로만 봐도 약 200년간 이어진 전쟁입니다. 십자군을 모집하고자 교황은 기독교인들에게 죄의 사면, 세금 감면, 채무 동결 등 여러 혜택을 줬습니다.

그러나 시간이 지나면서 이러한 혜택은 변질되었죠. 교회의 재정 문제를 해결하고자 면벌부를 파는 일이 흔해졌기 때문입니다. 이와 관련해 교회에 대한 비판이 끊이지 않았지만 교회는 여전히 십자군을 '신의 뜻'이라며 참여자들에게 면벌부를 팔았습니다.

아울러 제4차 십자군의 콘스탄티노플 함락은 교회의 권위를 크게 손상시키며 성직자와 평신도들에게 교회에 대한 불신과 개혁의 필요성을 자각하게 만들었습니다.

    이 두 가지 문제가 점차 커지면서 15세기 이후 다양한 종교개혁 운동이 시작되었습니다. 그 결과 유럽은 마침내 중세 기독교의 굴레에서 벗어나 근대로 접어들 수 있었죠. 역설적이지만 십자군 전쟁이 유럽의 근대화에 큰 영향을 준 것입니다.

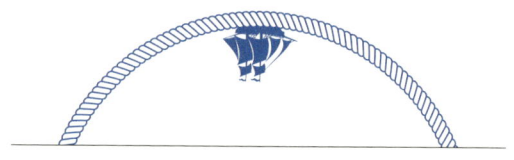

왕권 제한부터
의회제도 강화까지

 제3차 십자군 원정을 이끌며 '사자심왕'이라는 별명을 얻은 리처드 1세는 1199년 프랑스 내 잉글랜드 영토를 방어하고자 전쟁을 벌이다가 화살에 맞아 사망하고 말았습니다.
 리처드 1세는 생전에 결혼했지만 자녀가 없었기 때문에 그의 동생 존이 왕위에 올랐지만, 존은 형 리처드 1세에 비해 정치적, 군사적 리더십이 많이 부족했습니다.
 당시 잉글랜드는 프랑스 내에서 넓은 영지를 보유하고 있었습니다. 노르망디, 아키텐, 앙주 등을 포함한 전략적으로 중요한 지역들이었죠.
 하지만 존은 프랑스 왕 필리프 2세와 전쟁을 펼쳐 패배를 거듭하며 점차 영토를 잃어갔습니다. 특히 1204년 노르망디를 상실한 건 큰 타격이었죠. 이를 기점으로 잉글랜드는 프랑스 본토의 주요 영지를 거의 빼앗기고 말았습니다.

존은 이후에도 몇 차례 프랑스를 재침공하며 잃어버린 영토를 되찾으려 했습니다. 그러나 1214년 부빈 전투에서 결정적으로 패배하며 프랑스 내 영토 회복의 희망을 완전히 잃어버리고 말았죠. 영토 상실과 군사적 실패에 더해 존은 과도한 세금을 부과하고 귀족들의 영지를 함부로 사용하는 등 독단적인 통치로 귀족들의 불만을 샀고요.

결국 1215년, 귀족들은 존의 패배와 실패를 기회로 삼아 그의 거처인 윈저성을 포위했습니다. 당시 존은 패전과 내부 분열로 병력이 거의 없는 상태였기 때문에 휴전을 요청할 수밖에 없었죠. 일부 귀족들은 존을 폐위하고 새로운 왕을 옹립하려는 움직임도 보였지만, 새로운 왕을 추대하는 게 쉬운 일은 아니었습니다. 아울러 내전으로 이어질 위험이 컸기 때문에 귀족들은 존의 휴전 제안을 받아들였습니다.

그러나 그 대가로 존에게 '대헌장(마그나 카르타)'에 서명할 것을 요구했습니다. 1215년 6월, 존은 런던의 템즈 강변에서 마지못해 '대헌장'에 서명해야 했습니다.

독피지에 기록된 '대헌장'

대헌장에 서명하다

'대헌장'은 왕의 권력을 제한하고 귀족들의 권리를 보호하는 여러 조항을 포함하고 있었습니다. 주요 내용은 다음과 같습니다.

첫째, 왕은 귀족의 동의 없이 세금을 징수할 수 없다. 둘째, 왕은 합법적인 판결 없이 시민을 체포하거나 감금할 수 없다. 셋째, 왕은 정당한 이유 없이 타인의 재산을 몰수할 수 없다. 넷째, 왕은 정식 재판 없이 국민을 처형할 수 없다.

이 조항들은 이미 선왕들과 귀족들 사이에 불문율로 존재했던 것들을 문서화한 것이었습니다. 중요한 건 대헌장의 마지막 조항에서 국왕이 이를 어길 경우 귀족들이 국민과 함께 잘못을 바로잡을 수 있다고 명시함으로써, 국민의 저항권을 역사상 처음으로 문서화했다는 점입니다.

이 조항은 이후 영국 헌정사에서 중요한 전환점이 되었습니다. 약 400년 후 영국의 시민혁명에서 '권리청원'과 '권리장전'이 등장하는 배경이 되었죠. 그렇게 '대헌장'은 근대 헌법 발전의 기초가 되었다는 평가를 받습니다.

존은 '대헌장'에 서명했지만 관련 조항을 인정하거나 준수할 의사는 없었습니다. 그는 '대헌장'에 서명한 직후 교황 인노첸시오 3세에게 이를 무효화해 달라고 요청했고 교황은 존의 요청을 받아들여 '대헌장'의 무효로 선언합니다.

존은 이 문서가 강제로 체결된 것이며, 교회의 권리를 침해하고 왕의 신성한 권리를 제한한다고 주장했습니다. 따라서 교황의 입장에서 단순히 존을 지지하는 게 아니라 교회의 권위를 보호하려는 목적도 있었죠.

하지만 그 때문에 존과 귀족들 간의 갈등은 다시 격화되었고, 제1차 남작 전쟁으로 이어졌습니다. 존은 전쟁 중인 1216년에 병사하고 말았고 이어서 그의 아들 헨리 3세가 왕위에 올랐습니다.

헨리 3세도 아버지 존처럼 정치적으로 미숙한 면모를 보였습니다. 과도한 세금을 징수하며 무리한 유럽 원정을 시도했지만 계속 실패하고 말았죠.

그는 제8차 십자군 원정에 직접 참전할 걸 약속했지만 나중에 아들 에드워드 1세에게 책임을 떠넘깁니다. 헨리 3세의 실정은 잉글랜드 내 정치적 불안정을 초래했고, 결국 그의 통치 기간 동안 잦은 반란과 혼란이 이어졌죠.

그의 통치는 이후 잉글랜드가 보다 체계적인 왕권 제한과 의회 제도를 강화하는 계기가 되고 말았습니다.

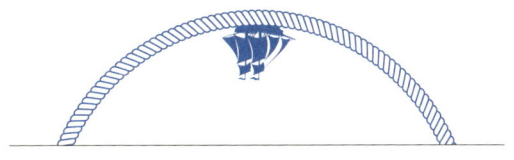

봉건제도의 종언과 절대왕정의 시작

1115년, 동북아시아에서 여진족 아골타가 금나라를 건국했습니다. 10년 후 금나라는 당시 동북아 최강자 요나라를 멸망시켰고, 요나라의 일부 잔당 세력들이 서쪽으로 이동해 서요를 건국했습니다.

서요는 중앙아시아에서 강력한 영향력을 발휘하며 주변국을 정리했고 셀주크 제국을 압박하는 단계에 이르렀죠. 1141년, 서요와 셀주크 제국 간에 펼쳐진 카트완 전투에서 서요가 승리함에 따라 셀주크 제국이 크게 약화되었습니다.

십자군 원정은 셀주크 제국이 동로마 제국을 압박하면서, 동로마 황제가 서방 기독교 세계에 도움을 요청한데서 비롯되었습니다. 그러나 셀주크 제국이 약화된 이후에도 십자군 원정은 멈추지 않았습니다. 성지 탈환과 기독교 세계 확장이라는 목표가 있었기 때문이죠.

이런 정치적, 종교적 이유보다 실질적인 이유는 경제적 문제였습니다. 십자군이 이동할 때 무기와 식량이 함께 이동하며 지중해 경제를 활성화시켰으니까요.

전쟁은 사람을 죽게 하고 다치게도 합니다. 그러나 다른 한편으로는 군수 물자를 이동시키며 막대한 경제적 이익을 창출하죠. 이러한 이익이 전쟁에 대한 중요한 경제적 동기였음에도 불구하고 종종 정통 역사 서술에서 간과되곤 합니다.

지중해에서 군사적 활동이 활발해지면서 교황청은 군사적 측면에서 노르만족의 도움을 받습니다. 해양 무역과 조선술은 베네치아와 제노바 같은 항만 도시들이 주도했고요.

노르만족은 이탈리아로 내려와 지중해 무역의 중심으로 자리 잡았습니다. 베네치아와 제노바는 유럽 각지의 물자를 수출입하는 주요 항구로 성장할 수 있었죠. 특히 이슬람권과의 무역에서도 중요한 역할을 했습니다.

그 결과 12~13세기 동안 이들 도시는 번영을 누렸습니다. 경제적 발전은 베네치아인들에게 문화와 예술에 투자할 여유를 줬고, 르네상스가 베네치아에도 전파될 수 있었죠.

백년전쟁 판도

영국과 프랑스의 백년전쟁

✹

한편 지중해와 멀리 떨어져 있어 십자군 전쟁으로부터 경제적 이익을 누리지 못한 영국과 프랑스는 서로의 영토와 경제적 자원을 확보하기 위한 '백년전쟁'에 돌입합니다.

백년전쟁은 표면적으로 잉글랜드가 프랑스 왕권을 계승할 수 있는 권리를 주장하면서 시작된 것이었습니다. 1328년, 프랑스 카페 왕조의 샤를 4세가 후계자 없이 사망하자 그의 조카인 잉글랜드 국왕 에드워드 3세가 프랑스 왕위 계승권을 주장했습니다. 에드워드 3세는 샤를 4세의 여동생인 이사벨의 아들이었으나 여성은 왕위에 오를 수 없다는 살리카법에 따라 프랑스에서 그의 계승권은 인정받지 못했고요. 결국 왕위는 샤를 4세의 사촌인 필리프 6세에게 넘어가면서 발루아 왕조가 시작되었죠.

그러나 실제로는 잉글랜드가 프랑스의 비옥한 토지와 경제적 자원에 대한 권리를 확보하려는 경제적 동기가 더 크게 작용했습니다.

백년전쟁이 시작될 때 프랑스 영토의 일부였던 기옌 지방은 잉글랜드 국왕의 영지였는데요, 잉글랜드의 플랜태저넷 왕가가 프랑스의 봉건 영주 출신이었기 때문입니다.

하여 백년전쟁의 진짜 원인은 포도주의 주요 생산 기지였던 기옌 지방과 모직물 산업의 중심지인 플랜더스를 차지하려는 경제적 갈등이었습니다. 기옌 지방은 잉글랜드의 영지로서 포도주 생산으로 엄청난 세수를 창출했고, 플랜더스는 양모 기술자들이 몰려 있는 지역으로 잉글랜드에서 수입한 양모로 모직물을 생산했죠.

에드워드 3세가 프랑스에 양모 수출을 금지하자 필리프 6세는 잉글랜드 영지였던 기옌 지방을 회수하겠다고 선포합니다.

샤를 7세 대관식의 잔 다르크

이에 반발한 에드워드 3세가 전쟁을 시작했죠.

14세기 당시 서유럽의 최강자는 인구와 자원 면에서 프랑스였으나, 잉글랜드가 기동성과 전술을 활용해 여러 중요한 전투에서 승리할 수 있었습니다.

전쟁은 1337년에 시작되어 1453년까지 100년 넘게 이어졌습니다. 그동안 지속적으로 전투가 이뤄진 게 아니라 여러 차례의 전투와 휴전, 협상이 반복되었습니다.

전쟁은 잔 다르크의 활약으로 결국 프랑스가 승리했고, 프랑스는 잉글랜드의 영토를 거의 모두 회복했습니다. 다만 칼레는 약 100년 후에 반환되었죠. 그러나 전쟁 중 플랜더스의 모직물 기술자들이 전쟁의 혼란을 피해 잉글랜드로 이주하면서 잉글랜드가 원료(양모)와 기술자들을 모두 확보할 수 있었습니다.

전쟁의 결과, 절대왕정

전쟁이 끝난 후 잉글랜드의 모직물 산업은 급성장하며 오히려 잉글랜드가 선진 무역국의 반열에 올랐습니다. 반면 프랑스는 명목상 전쟁에서 승리했지만 경제적으로는 큰 이득을 보지 못했죠.

전쟁의 결과로 잉글랜드에선 신흥 상인 계층, 즉 부르주아가 부를 축적하며 세력을 키웠습니다. 그들은 왕을 도와 귀족을 견제하면서 정치에 개입하기 시작했죠. 왕은 그 대가로 규제 철폐 등의 혜택을 주며 부르주아가 더 많은 부를 축적할 수 있게 도왔고요. 그렇게 중세의 귀족 중심 봉건제가 무너지기 시작했고 왕권이 강화되었습니다. 잉글랜드는 유럽 최초로 근대 중앙집권 체제, 즉 절대왕정 시대로 접어들었습니다.

그러나 자신들의 권력이 커지자 잉글랜드 부르주아들은 귀족뿐만 아니라 왕의 모든 특권도 철폐할 것을 요구했고 17세기 영국 시민혁명(청교도혁명, 명예혁명)으로 이어졌습니다.

반면 프랑스는 백년전쟁에서 명목상 승리했기 때문에 변화의 필요성을 느끼지 못했습니다. 따라서 왕권 중심의 절대왕정이 17세기 후반에 이르러서야 강화될 수 있었습니다. 프랑스 시민혁명(프랑스대혁명)이 영국의 그것보다 한 세기나 늦게 일어난 이유입니다.

3부

강력한 재탄생의 근세 유럽사

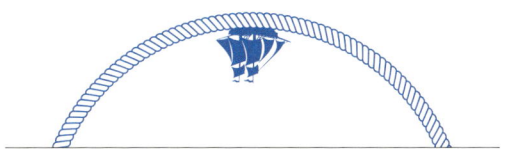

문화적 재탄생, 르네상스의 시대

 십자군 전쟁으로 서유럽과 동방의 교류가 증가했습니다. 그 과정에서 유럽은 고대 그리스와 로마의 문헌을 재발견하고 접할 기회를 얻었죠.

 특히 이탈리아의 도시국가들은 지리적으로 지중해와 가까워 중요한 역할을 했습니다. 고대 문헌의 발견은 고대 유럽 사람들이 기독교 중심의 삶을 살지 않았음을 보여주죠. 그렇게 이탈리아인들은 자신들의 삶을 새롭게 인식하기 시작했습니다.

 중세의 기독교적 생활 방식은 개인의 자유와 창의성을 억압하는 요소가 많았기 때문에, 고대의 인간 중심적 삶으로 돌아가려는 열망이 점차 커졌습니다.

이러한 배경에서 14세기 후반에 이탈리아에서 르네상스 운동이 시작되어 17세기 초반까지 이어졌습니다. '르네상스'라는 용어는 프랑스어로 '재탄생'을 의미하며, 영어로는 'Rebirth(재탄생)' 혹은 'Renewal(갱신)'에 해당하죠. 그러나 단순한 '리뉴얼'의 개념보다 더 깊은 의미를 지니고 있습니다.

르네상스는 고대 그리스와 로마의 문화와 지식, 철학을 재발견하고, 이를 중세의 기독교 중심적 세계관에 맞서 부활시키려는 지적, 예술적, 사회적 운동이었습니다. 학문과 예술의 모든 분야에서 개인의 창의성, 인간의 존엄성 그리고 이성을 강조하는 새로운 시대의 서막을 열었죠.

경제적 측면에서 보면 르네상스는 중세 기독교적 가치관에서 벗어나 개인의 부를 인정하는 새로운 경제적 사고방식의 전환이기도 했습니다.

중세 사회에서 부는 신의 은총으로 여겨졌고 사치와 탐욕은 죄악시되었습니다. 그러나 르네상스 시대에는 개인의 능력과 노력으로 축적한 부를 긍정적으로 바라봤죠.

은행업과 상업이 발달한 이탈리아 도시국가들, 특히 피렌체, 베네치아, 제노바와 같은 곳에선 부유한 상인 계층이 새로운 문화와 예술을 후원하면서 사회 전반의 변화를 촉발시켰습니다.

이탈리아에서 르네상스가 더욱 성숙할 수 있었던 또 다른 계기는 1453년 동로마 제국의 수도 콘스탄티노플이 오스만 제국에 의해 무너졌기 때문입니다.

콘스탄티노플은 고대 그리스와 로마의 지적 유산이 보존된 중요한 중심지였으나, 동로마 제국의 멸망과 함께 많은 학자와 예술가들이 이탈리아로 피난해야 했죠. 그들은 고대의 문헌과 예술적 전통을 가져와 이탈리아 르네상스의 발전에 크게 기여했습니다. 그렇게 피렌체, 베네치아, 로마 등 도시에서 문화와 예술이 꽃피기 시작했습니다.

이탈리아 르네상스의 발전

르네상스의 중심에는 인본주의가 자리하고 있었습니다. 인본주의는 인간의 가치, 자유, 가능성을 강조하며 인간 이성의 능력을 존중하고 고대의 지혜와 학문을 재발견하려는 사상적 흐름이었고요.

이탈리아의 인문학자들은 고대 그리스와 로마의 문헌을 연구하고 번역하며 새로운 지식과 사고방식을 도입했습니다. 예를 들어, 프란체스코 페트라르카는 '인문주의의 아버지'로 불리며 고대 로마 문헌을 발굴하고 보급하는 데 크게 공헌했죠.

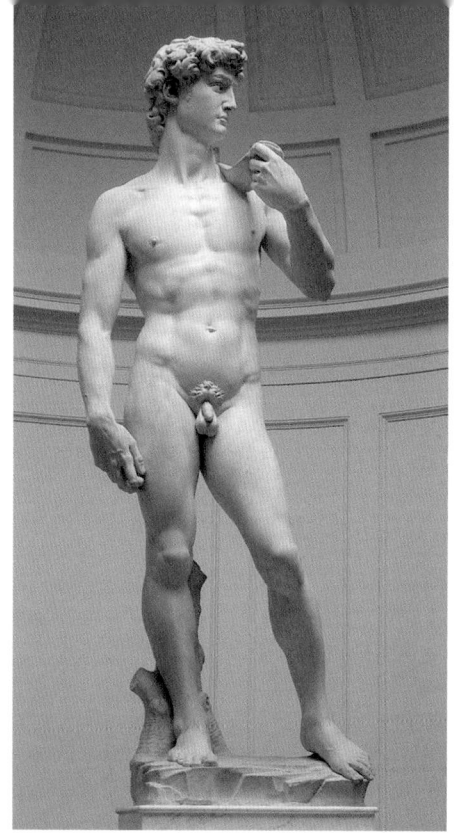

미켈란젤로 부오나로티의 다비드상

　이러한 분위기 속에서 레오나르도 다빈치, 미켈란젤로 부오나로티, 라파엘로 산치오와 같은 거장들이 등장했습니다. 레오나르도 다빈치는 인체 해부학, 기계공학, 천문학 등 다양한 분야에 걸친 연구와 예술 작품으로 '르네상스 인간'의 전형을 보여줬고 미켈란젤로는 조각, 회화, 건축에서 탁월한 성취를 이뤘죠. 특히 시스티나 성당 천장화와 다비드상은 인간의 육체미와 정신적 위대함을 표현한 걸작으로 평가받고 있습니다.

르네상스의 지적 발전은 예술에 그치지 않고 과학과 철학, 정치 이론에서도 큰 변화를 가져왔습니다.

에라스뮈스는 『우신예찬』을 통해 당시 교회의 타락과 형식주의를 풍자하며 진정한 기독교 정신 회복을 주장했습니다.

니콜라우스 코페르니쿠스는 『천체의 회전에 관하여』에서 지동설을 주장하며 기존의 천동설을 뒤집었고요. 이후 갈릴레오 갈릴레이와 요하네스 케플러의 연구로 이어져 과학혁명의 시초가 되었죠.

토머스 모어는 『유토피아』에서 이상 사회에 대한 철학적 논의를 펼치며 사회와 제도에 대한 비판적 사고를 제시했습니다.

미겔 데 세르반테스는 『돈키호테』로 인간의 고뇌와 희망을 풍자적으로 표현하면서 근대 소설의 출발점을 열었고요.

르네상스가 계속되면서 기독교의 영향력은 점차 축소되었습니다. 교회는 지식과 문화의 유일한 중심지로서의 권위를 잃어갔습니다 이성적 사고와 인문학적 탐구가 강조되면서 교회의 권위에 대한 비판적 시각이 점차 확산된 것입니다. 이러한 상황에서 사람들은 다시 한번 종교개혁을 꿈꾸기에 이르죠.

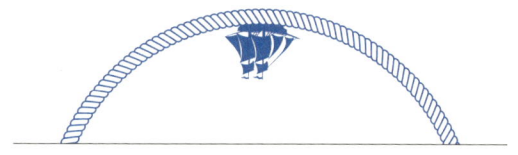

근세 유럽사를 결정짓는 대사건

백년전쟁으로 성장한 부르주아 계층은 자신들의 부와 권리를 지켜줄 새로운 사상을 필요로 했습니다. 중세 기독교(가톨릭)는 부의 축적과 사용을 엄격히 제한하며, 개인의 경제적 자유를 억압했기 때문입니다.

당시 교회는 신의 이름으로 세속 권력을 행사하고 있었습니다. 특히 부유한 상인과 부르주아 계층에게 교회의 규제는 큰 제약이었죠. 이러한 상황 속에서 중세 말기 유럽에 변화의 바람이 불기 시작했습니다.

교황 인노첸시오 3세가 '교황은 태양, 황제는 달'이라고 선언하며 교황권의 절대적 위세를 떨쳤던 시기를 지나, 교황권은 점차 쇠퇴하기 시작했습니다. 그와 동시에 세속 권력인 황제권은 서서히 상승하고 있었고요.

14세기 초에 이르러 교황권과 황제권의 힘이 역전되는 사건이 일어나는데 바로 '아비뇽 유수'입니다. 아비뇽 유수는 교회와 성직자에 대한 과세 문제로 교황 클레멘스 5세와 프랑스 왕 필리프 4세가 대립하면서 일어난 사건입니다.

그 결과, 교황이 프랑스 왕에게 굴복해 교황청이 로마가 아닌 프랑스 남부의 아비뇽에 위치하게 되었습니다. 1309년부터 1377년까지 약 70년간 교황청이 아비뇽에 머물 때 교회의 권위는 급속히 추락했고 교황이 프랑스 왕의 통제하에 놓이면서 교회의 독립성과 권위는 크게 손상되었죠.

종교개혁의 반향

교회를 개혁해야 한다는 목소리가 유럽 전역에서 커지기 시작했습니다. 특히 존 위클리프와 얀 후스 같은 인물들은 교회의 부패와 세속화된 모습을 비판하며 교회 개혁을 요구했는데요.

위클리프는 영국에서, 후스는 보헤미아에서 활동하며 가톨릭 교회의 부패를 강하게 비판했습니다. 그들은 교회의 성직자가 아닌 성경 자체가 신앙의 유일한 기준이 되어야 한다고 주장 했죠. 이러한 주장은 당대 가톨릭 교회에 큰 위협으로 다가왔습니다. 1414년부터 1418년까지 열린 콘스탄츠 공의회에선 위클리프를 이단으로 규정하고 그의 사상을 따르던 후스를 화형에 처해버립니다.

결국 그들의 개혁 시도는 실패로 끝났으나 그 주장은 16세기 종교개혁의 중요한 출발점이 되었습니다. 15세기 중부와 남부 유럽에서 일어난 르네상스 운동도 가톨릭 교회의 권위를 약화시키는 데 중요한 역할을 했고요.

르네상스 운동으로 사람들은 인간의 이성적 사고와 개인의 권리를 더 중시하기 시작했고, 가톨릭 교회의 절대 권위에 도전을 가능하게 하는 분위기를 조성했습니다. 이러한 변화의 물결 속에서 종교개혁을 위한 새로운 시도가 다시 한번 추진될 수 있는 동력이 마련되었죠.

16세기 초 독일에서 종교개혁의 불씨를 당긴 인물은 신학자 마르틴 루터로 그는 1517년에 면벌부의 판매를 비판하며 종교개혁을 시작했습니다.

면벌부는 원래 십자군 원정에 참여한 병사들에게 살인에 대한 벌을 면제해주고자 교황이 발행한 것이었습니다. 그러나 시간이 지나면서 교회의 재정을 채우기 위해 남용되었죠.

마르틴 루터 초상화

특히 16세기 초 교황 레오 10세는 성 베드로 대성당의 건축 자금을 마련하고자 면벌부 판매를 강화했습니다. 이에 반발한 루터는 "빌을 면제받는 방법은 오직 신의 은총과 믿음에 의한 것이며 성경을 통해서만 가능한 것"이라고 주장했습니다.

단순히 면벌부 판매의 문제를 넘어, 교회의 권위와 성직자의 필요성을 부정하는 급진적 주장이었죠. 루터의 주장은 당시 유럽 사회에 큰 충격을 던졌습니다. 아울러 교회에 대한 신뢰를 무너뜨렸고요. 루터의 주장은 성경을 일반인도 쉽게 읽고 이해할 수 있도록 독일어로 번역하는 계기가 되었습니다.

당시 성경은 그리스어나 라틴어로 되어 있어 일반인들은 직접 읽기 어려웠습니다. 하지만 15세기 중반 요하네스 구텐베르크가 활판 인쇄술을 발명하면서 성경책의 인쇄와 보급이 용이해졌고, 그 결과 루터의 독일어 성경 번역본이 유럽 전역에 빠르게 퍼졌습니다. 그렇게 루터의 종교개혁은 큰 반향을 일으켰고, 신교(프로테스탄트)가 점차 확산되기 시작합니다.

루터의 사상에 이어, 프랑스 출신의 신학자 장 칼뱅도 등장했습니다. 칼뱅은 예정설을 주장했는데요, 인간의 구원은 이미 신에 의해 예정되어 있다는 교리였죠. 그는 개인의 부를 긍정하며 열심히 일하고 성공하는 게 신의 뜻에 부합하는 거라고 가르쳤습니다.

이 사상은 특히 중세 가톨릭의 부정적 경제관에 불만을 품고 있던 신흥 부르주아 계층에게 큰 매력으로 다가갔습니다. 칼뱅의 주장은 프랑스의 위그노, 스코틀랜드의 장로교, 잉글랜드의 청교도, 네덜란드의 고이센 등 유럽 각지에서 새로운 신교 세력의 형성을 촉진했습니다.

피로 물든 종교전쟁

가톨릭 교회는 종교개혁의 확산을 보고만 있을 수 없었습니다. 개혁의 바람을 타고 신도들이 대거 신교로 전환할 걸 우려했기 때문이죠.

16세기 중반부터 유럽은 슈말칼덴 전쟁, 위그노 전쟁, 네덜란드 독립 전쟁, 30년 전쟁 등 다양한 종교전쟁 때문에 피로 물든 시기를 지나야 했습니다.

슈말칼덴 전쟁은 1546년부터 독일 지역에서 발생한 종교전쟁입니다. 루터파 도시들과 신성 로마 제국 황제 카를 5세 간의 충돌로 촉발되었죠.

1555년 아우크스부르크 화의가 체결되면서 루터파 신앙이 제후의 선택에 따라 인정받았습니다. 그러나 개인 신앙의 자유는 보장되지 않았죠. 즉 제후가 구교나 신교를 선택하면 그 영지에 사는 백성들은 제후가 선택한 종교를 따라야 했습니다.

위그노 전쟁은 1562년부터 프랑스에서 일어난 종교전쟁입니다. 가톨릭과 개신교인 위그노 사이의 오랜 갈등 끝에 1598년 앙리 4세가 낭트 칙령으로 위그노에게 제한적이나마 신앙의 자유를 허용했습니다. 그러나 나중에 루이 14세가 1685년에 퐁텐블로 칙령으로 철회했고 위그노들은 다시 탄압을 받았죠.

네덜란드 독립 전쟁은 1568년부터 시작된 종교전쟁이자 독립전쟁입니다. 종주국인 스페인이 가톨릭을 강요하자 개신교를 지지하는 네덜란드 북부 일곱 개 주가 독립을 요구하며 시작되었습니다.

백년전쟁 이후 유럽 무역의 중심지로 부상한 네덜란드는 무역으로 축적한 부를 바탕으로 최신 무기를 사들이며 독립을 준비해 왔죠. 전쟁은 자그마치 80년 동안 이어졌고요.

1648년 베스트팔렌 조약으로 네덜란드의 독립이 국제적으로 승인되었지만, 공화국을 세운 네덜란드는 북부 일곱 개 주에 국한되었습니다. 현재의 벨기에 지역은 여전히 '스페인령 네덜란드'로 남아 있었습니다.

가지각색의 종교전쟁은 수많은 인명 피해와 경제적 손실을 발생시켰습니다. 한편 그 과정에서 각국의 정치 지형이 크게 변화했죠.

종교전쟁들은 더 이상 가톨릭 교회가 유럽 전역을 통제할 수 없다는 사실을 명확히 했습니다. 그와 동시에 국가와 군주는 종교 선택의 권리를 획득했고 나아가 독립 국가의 개념을 발전시키는 계기로 작용했습니다.

유럽 대륙에서 벌어진 종교전쟁 중 가장 큰 전쟁은 1618년부터 1648년까지 이어진 30년 전쟁입니다. 30년 전쟁은 근대 유럽 역사의 흐름을 바꾸는 매우 중요한 전쟁이므로 따로 다루도록 하겠습니다.

백년전쟁부터 시작된 유럽의 변화는 르네상스, 종교개혁, 종교전쟁으로 이어지는 일련의 사건들로 중세의 틀에서 벗어나 근대 유럽 사회를 형성하는 중요한 전환점으로 작용했습니다.

이 과정에서 부르주아 계층은 자신의 부를 지키고 확대하고자 새로운 사상과 제도를 적극적으로 지지했고, 중세 봉건 사회에서 근대 시민 사회로의 변화를 가속화했습니다.

그렇게 유럽이 절대왕정의 강화와 동시에 입헌주의와 민주주의로 나아가는 길을 열어준 중요한 역사적 흐름을 형성했죠.

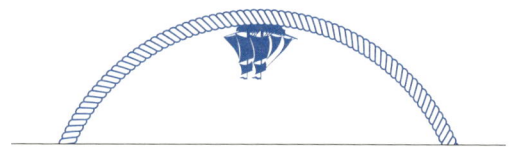

세계사적 변화의
한가운데 선 유럽

1299년, 아나톨리아반도에 건국된 이슬람교 중심의 오스만 제국은 점차 세력을 확장하며 가톨릭 기반의 동로마 제국에게 위협적인 존재로 부상합니다. 이후 그들은 동로마 제국의 영토를 잠식하며 세력을 키웠죠.

동로마 제국은 오스만 제국에게 조공을 바쳐야 할 정도로 쇠퇴하고 있었습니다. 오스만 제국은 제7대 술탄 메흐메트 2세 시기인 1453년, 드디어 동로마 제국의 수도인 콘스탄티노플에 도달했고요.

동로마 제국의 마지막 황제 콘스탄티누스 11세는 오스만 제국의 대군에 맞서 최후의 저항을 했지만 콘스탄티노플은 결국 함락되었습니다.

이로써 동로마 제국은 천년의 역사를 뒤로하고 역사 속으로 사라지고 말았습니다. 콘스탄티노플의 함락은 중세에서 근대로 넘어가는 중요한 사건입니다. 이후 오스만 제국은 지중해 무역의 주요 거점을 장악할 수 있었죠.

지중해 무역권이 오스만 제국에게 넘어가면서 유럽은 큰 문제에 직면합니다. 유럽인들에게 필수품인 향신료를 동방에서 수입하는 게 매우 어려워졌기 때문이죠. 오스만 제국은 지중해를 통제하며 향신료 무역을 독점적으로 조종했고 향신료 가격은 급격하게 상승했습니다.

서유럽 국가들은 더 이상 오스만 제국을 통해 향신료를 수입하는 게 불가능하다고 판단해 인도로 가는 새로운 항로를 찾아야 했습니다.

이러한 배경에서 포르투갈, 스페인과 같은 해양 국가들은 남쪽으로 새로운 항로를 개척하는 모험을 시작했습니다.

특히 포르투갈은 아프리카 서해안을 따라 남하하면서 북아프리카의 이슬람 세력을 격퇴하고 해양 탐험을 통해 새로운 무역로를 찾고자 했습니다.

대항해 시대의 길목에서

✳

　1488년, 포르투갈의 탐험가 바르톨로메우 디아스가 아프리카 대륙의 남단인 희망봉을 발견하면서 인도로 가는 항로 개척의 가능성이 열렸습니다.

　1497년, 바스쿠 다 가마가 이끄는 포르투갈 함대는 희망봉을 돌아 인도로 향하는 항해를 시도했고 1498년 인도 서해안의 캘리컷에 도착했고요.

　그렇게 포르투갈은 오스만 제국을 통하지 않고도 직접 향신료를 수입할 수 있는 무역로를 확보할 수 있었습니다.

　포르투갈의 성공적인 항해는 제노바나 베네치아 같은 부유한 이탈리아 항만 도시들이 오스만 제국에 의해 지중해 무역에서 밀려나면서, 그들의 자본과 항해 기술이 포르투갈로 유입되는 결과를 낳았습니다.

　이러한 분위기 속에서 제노바 출신의 크리스토퍼 콜럼버스도 신대륙 탐험을 위한 항해를 계획합니다. 콜럼버스는 포르투갈의 주앙 2세에게 서쪽으로 항해해 새로운 항로를 찾는 계획을 제안했지만 거절당하고 말았죠.

　이후 그는 스페인의 이사벨라 여왕과 페르디난도 2세의 후원을 받아 항해에 나섰습니다.

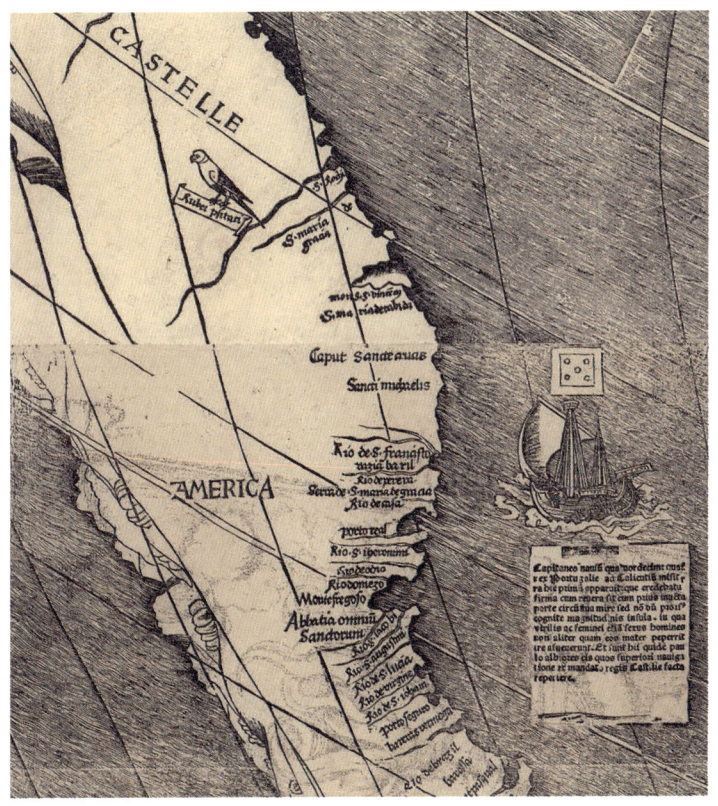

'아메리카'라는 단어가 처음 사용된 마르틴 발트제뮐러의 지도(1507)

    1492년 8월 3일, 콜럼버스는 산타마리아호, 핀타호, 니냐호로 구성된 함대를 이끌고 스페인 세비야를 출발해 서쪽으로 항해했습니다. 약 3개월 후인 10월 12일, 바하마 제도의 한 섬에 상륙했죠. 그리고 그곳을 '구세주'라는 의미로 '산살바도르'라 명명합니다. 탐험을 통해 콜럼버스는 아메리카 대륙을 발견했지만 자신이 도착한 곳이 아시아의 일부라고 생각했습니다.

콜럼버스는 몇몇 원주민을 데리고 유럽으로 돌아가던 중 폭풍을 만나 포르투갈에 도착합니다. 콜럼버스의 귀환을 본 포르투갈의 주앙 2세는 자신이 기회를 놓쳤다는 걸 깨달았지만, 새롭게 발견한 땅이 포르투갈의 영토라고 주장했죠.

1479년 알카소바스 조약에 따라 카나리아 제도 남쪽 항해는 포르투갈이, 북쪽 항해는 스페인이 담당하기로 한 합의에 따른 것이었습니다. 산살바도르섬이 카나리아 제도보다 남쪽에 위치해 있었기 때문에 포르투갈은 그 땅이 자신들의 것이라 주장했던 것입니다.

포르투갈과 스페인의 영유권 다툼은 교황 알렉산드르 6세에 의해 중재되었습니다. 당시 비기독교권 영토의 귀속 결정권은 교황에게 있었기 때문이죠. 중재 결과 1494년에 양국은 토르데시야스 조약을 체결해 아메리카 대륙을 양분하기로 합의합니다. 이 조약에 따라 브라질 동쪽 일부가 포르투갈의 영토로, 나머지 남아메리카 대륙은 스페인의 영토로 설정되죠.

브라질이 포르투갈어를 사용하는 반면, 남아메리카의 다른 대부분의 국가는 스페인어를 사용하는 이유입니다.

대항해 시대가 시작되다

토르데시야스 조약 이후 포르투갈과 스페인은 각각 동쪽과 서쪽으로 향하는 항로를 개척하며 대항해 시대를 열었습니다.

포르투갈은 1510년 인도의 고아를 점령해 아시아 무역의 거점으로 삼았고, 이어서 말라카를 장악하고 남중국해를 거쳐 일본까지 도착하면서 아시아 무역을 주도했습니다.

스페인은 콜럼버스의 신대륙 탐험을 계속 추진하며 멕시코의 아즈텍 제국, 페루의 잉카 제국을 정복했습니다. 스페인의 탐험은 1513년에 바스코 발보아가 파나마 지협을 넘어 태평양을 발견하면서 새로운 전기를 맞이합니다.

1519년 페르디난드 마젤란이 최초로 태평양을 횡단하고, 1521년 필리핀에 도착하면서 스페인의 태평양 진출이 본격화되었습니다. '필리핀'이라는 이름은 당시 스페인 왕 펠리페 2세의 이름을 따서 지어진 것이고요.

펠리페 2세는 스페인 절대왕정의 상징이었습니다. 그는 합스부르크 가문 최대 영역을 통치한 아버지 카를 5세로부터 스페인, 네덜란드, 이탈리아, 아메리카 대륙을 물려받았고, 필리핀 마닐라를 거점으로 멕시코에서 생산한 은을 중국의 선진 물품과 교역하며 엄청난 부를 축적했습니다.

그의 통치 아래 스페인은 '해가 지지 않는 제국'이라 불리며 16세기 중반 유럽 최고의 강대국으로 우뚝 섰습니다. 그 기세로 1571년 지중해 패권을 두고 오스만 제국과 펼친 레판토 해전에서 승리하며 자신의 무적함대 아르마다가 지중해 패자임을 재확인했죠.

그는 가톨릭 신앙의 수호자로서 개신교 확산을 막고자 종교재판도 강화했습니다. 그 결과 네덜란드 독립 전쟁이 벌어졌죠. 그의 통치 기간에 발발한 잦은 전쟁은 스페인 국민에게 큰 부담이었습니다. 결국 1588년 영국과 펼친 칼레 전투에서 무적함대가 무너지며 스페인의 해상 패권은 영국에게 넘어가고 말았습니다.

이처럼 대항해 시대는 유럽 국가들에게 새로운 기회를 제공하며 유럽을 넘어 세계사적 변화를 이끌어내는 중요한 계기가 되었습니다.

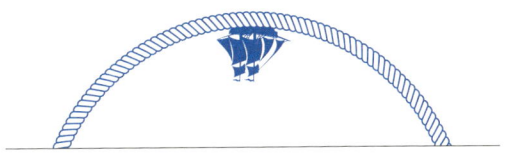

부상하고 상승하는 두 나라의 충돌

네덜란드의 부상

백년전쟁의 결과로 빼놓을 수 없는 또 하나의 결과는 저지대(네덜란드)의 부상입니다. 플랜더스 지방의 양모 산업이 쇠퇴하면서 네덜란드가 중개 무역지로 이용되었기 때문입니다.

당시 저지대는 해수면이 땅보다 높아 사람이 살기 힘든 곳이었습니다. 제방이 쉽게 범람해 물바다가 되었기 때문입니다. 따라서 네덜란드는 사회에서 격리해야 할 죄수들이 보내져 살아가는 곳이었습니다.

그런데 1492년 스페인에서 이슬람 세력이 기독교 세력에게 무너지는 사건이 일어납니다. '레콩키스타(재탈환, 재정복)'라고 하는데요, 그때 기독교 세력은 무슬림뿐만 아니라 유대인들까지 모두 자신의 땅에서 쫓아냈으니 갈 곳 없어진 유대인은 새로운 땅을 찾아 나서야 했습니다. 그중 하나가 바로 사람들이 살지 않던 저지대였죠.

유대인들은 상업에 뛰어난 사람들이었습니다. 보통의 중세 기독교 상인과 달리 문맹이 아니었죠. 회계장부를 기록할 수 있었고 상거래를 위한 계약서도 작성할 수 있었습니다.

네덜란드는 유대인의 도움을 받아 풍부해진 잉글랜드 모직물 무역량을 감당할 수 있는 시스템을 구축했습니다.

그와 동시에 또 다른 기회도 찾아왔습니다. 해류 변화로 발트해에 있던 청어가 북해로 이동했기 때문입니다. 많은 네덜란드인이 청어 잡이에 나서 청어 산업이 활발해지자 새로운 염장법이 발명되어 유통기한도 늘어났죠. 유럽 곳곳에 네덜란드산 청어가 불티나게 팔리기 시작했습니다.

원활한 유통을 위해 조선술과 항해술까지 발전시켰고 원활한 금융을 위해 세계 최초로 은행이나 증권사, 보험사도 만들었습니다. 그렇게 네덜란드 암스테르담은 16세기 무역의 중심 도시로 성장했습니다.

경제력은 군사력으로 이어지기 마련입니다. 네덜란드는 쌓인 돈을 군대에 투자하기 시작합니다. 네덜란드는 종교개혁의 혼란 속에서 독립전쟁을 일으켜 스페인으로부터 독립하고 유럽의 새로운 강자로 떠오를 수 있었습니다.

잉글랜드의 상승

한편 백년전쟁이 끝난 후 잉글랜드에선 곧장 장미 전쟁이 벌어집니다. 장미 전쟁은 붉은 장미 문양으로 대표되는 랭커스터 가문과 하얀 장미 문양으로 대표되는 요크 가문 사이의 왕위 쟁탈전이었죠.

1455년부터 1487년까지 20년 넘게 계속되며 수많은 제후와 기사들이 사망했습니다. 왕권을 견제할 세력이 사라지자 유럽 최초로 잉글랜드에서 절대왕정 시대가 시작되었고요.

그 상징적인 군주가 튜더 왕조의 헨리 8세입니다. 그는 수장령을 통해 자신이 잉글랜드의 절대군주임을 선포했습니다. 잉글랜드에서 교회의 최고 권위는 가톨릭(교황)에 있지 않고 영국 국교(본인)에 있다고 선포한 것이죠.

당시 기득권층인 귀족은 대부분 가톨릭 신자였습니다. 수장령이 발표되었다는 건 귀족이더라도 잉글랜드 국교를 믿지 않으면 처형될 수 있다는 걸 의미했죠. 왕이 귀족에게 선포하길 자신의 권위 앞에 무릎을 꿇으라는 의미였습니다.

이제 잉글랜드에서 중세 봉건 영주는 사라지고, 대신 그 자리는 왕의 지지를 받은 신흥 부르주아가 차지합니다. 봉건제로 분산된 힘이 왕을 중심으로 하나로 뭉치면서 잉글랜드의 국력도 상승했죠.

영국 절대왕정의 정점은 튜더 왕조의 마지막 왕인 엘리자베스 1세 통치 시기입니다. 당시 영국은 헨리 8세의 수장령 발표 이후 가톨릭과 개신교 간의 갈등이 심각한 상황이었는데, 엘리자베스 1세가 가톨릭과 개신교를 절충한 영국 국교회를 확립했습니다.

대외적으로는 프랜시스 드레이크 같은 영국 출신 해적들의 스페인 선박 약탈을 묵인했는데, 이는 스페인의 분노를 일으켰고 결국 양국은 1588년 칼레 해전에서 맞섰습니다. 이 전투에서 영국이 스페인의 무적함대를 격파하며 새로운 해상 강국으로 부상했죠.

이제 네덜란드와 잉글랜드는 17세기 재해권을 두고 경쟁하는 관계가 되었습니다.

네덜란드와 잉글랜드의 충돌

네덜란드와 잉글랜드는 포르투갈(국가 주도)과 다르게 회사(민간 주도)를 설립해 동방 무역을 추진합니다. 그렇게 만든 회사를 '동인도회사'라고 하죠. 양국이 회사를 설립해 무역한 이유는 해상 무역에 수많은 위험이 내포되어 있기 때문이었습니다.

해적이 나타나 상선을 약탈하기 일쑤였습니다. 태풍을 만나 배가 침몰하기도 했죠. 국가는 그런 위험을 떠안고 싶지 않았습니다. 왕실의 권위를 위해 탐험 실패의 비난을 받고 싶지도 않았고요. 양국은 회사를 건립해 조약체결권, 전쟁선포권, 요새건설권 등 국가가 행사할 수 있는 권리를 줬습니다. 만약 탐험 도중 문제라도 생기면 동인도회사에 떠넘기고 빠져나갈 수 있었기 때문에 국가의 평판 유지에 도움이 되었습니다.

17세기에 접어들자 네덜란드가 먼저 인도 여행을 위한 회사를 설립했습니다. 그들은 자본을 모아 배를 출항시켰고, 동쪽에서 무역을 마치고 귀환하면 투자했던 금액을 돌려받고 수익도 나눠 가졌죠. 실패하는 경우도 있었지만 성공하면 엄청난 부를 거머쥘 수 있었습니다.

시간이 지나자 투자자들이 배가 도착했을 때 투자금을 곧바로 찾지 않았습니다. 그 대신 주식으로 갖고 있다가 회수를 원하

런던에 있었던 영국 동인도 회사의 본사

1726년 암스테르담의 네덜란드 동인도 회사 조선소

는 경우에만 주식을 파는 형태로 진화했습니다.

회사 입장에선 자본이 보존될 뿐만 아니라 투자자가 바뀌더라도 주식만 있으면 회사의 항구적 운영이 가능했습니다. 이른바 근대적 주식시장의 시작입니다. 아울러 배가 침몰할 경우를 대비해 공동으로 돈을 마련해 뒀다가 실제로 배가 가라앉을 경우 손해를 만회하는 데 썼습니다. 이른바 보험 회사의 출현입니다. 유럽에선 지금으로부터 500년 전에 이미 근대적 금융 거래가 시작된 것입니다.

잉글랜드는 곧장 네덜란드식 사업 방식을 도입하며 네덜란드와 함께 동쪽으로 진출해 많은 부를 쌓기 시작합니다. 그러자 양국의 충돌이 본격화되었습니다. 1623년 암본 사건이 일어났는데요, 네덜란드령 암본섬에 있는 잉글랜드 사무소를 네덜란드가 습격한 사건이죠. 이로써 동남아시아 향신료 무역은 네덜란드가 우선권을 차지했고 잉글랜드는 차선책으로써 인도로 관심을 돌렸습니다.

하지만 17세기 중엽부터 인도에서 캘리코(면직물)를 수입하는 사업이 폭발적으로 성장하면서 잉글랜드가 큰 이익을 취했습니다. 반면 동남아시아에서 우선권을 차지한 네덜란드는 향신료 무역이 포화 상태에 이르러 성장세가 둔화되었고요. 결국 잉글랜드에게 전화위복의 결과였죠.

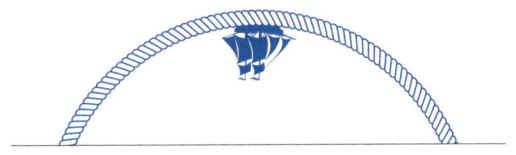

유럽을 지배한
합스부르크 가문의 흥망성쇠

합스부르크 가문은 중세에서 근대에 이르기까지 유럽에서 가장 막강한 가문이었습니다. 신성 로마 제국 황제의 지위를 비롯해 오스트리아 및 스페인 왕좌 등을 차지했으니까요.

10세기 현 스위스 아르가우 지역에 있던 합스부르크성에서 기원한 합스부르크 가문은 현 스위스 북부와 독일 남부 지역에서 세력을 키웠습니다.

1273년, 루돌프 1세가 '로마인의 왕'이라는 칭호를 얻으며 주요 가문으로 부상했습니다. 이어 오스트리아 공국을 차지하고 빈을 중심지로 독일 남부권을 차지했죠. 1440년, 프리드리히 3세가 신성 로마 제국 황제로 즉위했고 아들 막시밀리안 1세가

슈파이어 대성당에 있는 루돌프 1세의 석상

뒤를 이었습니다.

막시밀리안 1세는 부르고뉴 공국의 마리 드 부르고뉴와 결혼했는데, 부르고뉴가는 프랑스 동북부와 네덜란드를 소유한 프랑스의 귀족 가문이었죠. 하여 막시밀리안 1세는 신성 로마 제국과 네덜란드, 프랑스 동북부를 차지하게 된 것입니다.

막시밀리안 1세는 아들 펠리페 1세를 스페인의 후아나 1세와 결혼시켰습니다. 후아나 1세의 아버지는 남부 이탈리아까지 소유하고 있는 카스티야 아라곤 연합왕국의 페란도 2세였고 어머니는 카스티야 왕국과 멕시코, 필리핀 등을 소유한 이사벨 1세였죠.

합스부르크 가문의 전성기

펠리페 1세와 후아나 1세가 낳은 아들이 신성 로마 제국을 비롯해 네덜란드, 프랑스 북동부, 스페인, 나폴리, 시칠리아 등 유럽 최대의 영토를 갖게 되는 카를 5세입니다.

유럽의 두 중심축인 스페인과 신성 로마 제국이 하나로 합쳐졌습니다. 이제 합스부르크 가문에 대항할 수 있는 세력은 프랑스의 프랑수아 1세와 잉글랜드의 헨리 8세뿐이었죠. 하지만 카를 5세도 최대 난적이었던 오스만 제국 쉴레이만 1세에 막혀 동쪽으로는 진출할 수 없었습니다.

카를 5세가 사망하자 합스부르크 가문은 스페인 합스부르크와 오스트리아 합스부르크로 나뉩니다. 카를 5세가 신성 로마 제국과 오스트리아는 동생인 페르디난트 1세에게 양위했고 스페인, 네덜란드, 이탈리아, 아메리카 대륙 등은 아들인 펠리페

2세에게 물려줬기 때문입니다. 따라서 카를 5세 시기를 합스부르크 가문의 최전성기로 볼 수 있습니다.

이후 스페인 합스부르크는 펠리페 2세의 무적함대가 잉글랜드에게 무너지면서 제해권을 상실하고 네덜란드가 독립하면서 쇠퇴합니다.

한편 오스트리아 합스부르크는 30년 전쟁 이후 쇠퇴하기 시작해 오스트리아 왕위 계승 전쟁, 7년 전쟁 등으로 독일 지역에서의 우선권을 프로이센에게 넘겨주죠.

합스부르크 가문을 이해하는 데 매우 중요한 요소가 있습니다. 바로 근친혼입니다. 앞서 살펴본 바와 같이 합스부르크 가문은 유럽의 다른 명문가와 혼인하고 상속으로 영토를 확장했습니다.

그런데 최전성기인 카를 5세 시기가 되자 유럽에는 더 이상 가문 간 혼인으로 추가할 영토가 없었죠. 잉글랜드와 프랑스, 오스만 제국이 결혼으로 그들의 땅을 내어줄 이유가 없었기 때문입니다.

합스부르크 가문의 쇠퇴기

합스부르크 가문은 위기감을 느꼈습니다. 그대로 두면 본인들이 해 온 것과 같은 방법으로 땅을 잃어버릴지도 모르기 때문이었습니다. 하여 그들의 해결책은 근친혼이었습니다.

사촌 간의 결혼으로 영토를 잃어버릴 싹을 잘라버렸습니다. 합스부르크 근친혼은 오스트리아계나 스페인계 모두에서 있었습니다.

오스트리아계는 스페인계보다는 근친 교배계수가 높지 않아 장애인을 낳는 경우가 많진 않았지만 스페인 합스부르크는 펠리페 2세 이후 펠리페 3세, 펠리페 4세, 카를로스 2세로 이어지면서 근친혼을 적극적으로 실행했습니다. 그 결과 유전병이 심각해졌습니다.

특히 스페인 합스부르크의 마지막 왕인 카를로스 2세는 심각한 말단비대증 환자였습니다. 그는 성장호르몬의 과다분비로 아래 턱이 밀려나오고 입술이 두꺼워지며 이마가 튀어나오는 증상을 갖고 있었죠. 아울러 지적 능력에도 문제가 있었고 성적으로도 장애가 있어 후계자를 남길 수 없었고요. 그가 1700년 서른아홉 살의 젊은 나이로 사망하자 스페인의 왕위가 단절되어버렸습니다.

그러자 카를로스 2세와 혈연을 주장하며 프랑스, 오스트리아 합스부르크 등이 왕위계승권을 주장했습니다.

카를로스 2세의 아버지는 스페인의 왕 펠리페 4세입니다. 펠리페 4세의 친누나인 안 도트리슈는 프랑스의 왕 루이 13세와 결혼해 루이 14세를 낳았죠. 루이 14세의 아내 마리아 테레사는 카를로스 2세의 이복누나였고요. 루이 14세는 삼촌인 펠리페 4세의 딸, 즉 사촌과 결혼한 것입니다.

스페인 왕권에 가장 가까운 인물은 카를로스 2세의 이복누나와 루이 14세가 낳은 아들 그랑 도팽 루이였습니다. 만약 그랑 도팽 루이가 스페인 왕위를 계승한다면 사실상 스페인과 프랑스가 한 나라가 된다는 의미였고 경쟁자인 오스트리아, 잉글랜드, 네덜란드에게 큰 위협이었습니다.

한편 신성 로마 제국 황제 레오폴트 1세의 어머니는 펠리페 4세의 누이동생인 마리아 아나였습니다. 따라서 카를로스 2세와 레오폴트 1세도 사촌지간으로 레오폴트 1세의 아들인 카를 대공(훗날 신성 로마 제국 황제)도 스페인 왕위를 이을 수 있는 또 하나의 후보였습니다.

만약 신성 로마 제국과 스페인이 합치면 강력한 합스부르크 가문의 부활을 뜻하므로 이 역시 주변 국가들이 원하지 않는 구도였습니다.

윌리엄 3세는 명예혁명을 성공시키고자 신성 로마 제국 레오폴트 1세의 지지를 받았습니다. 그는 반대급부로 스페인 왕위에 분쟁이 생길 경우 레오폴트 1세 지지를 약속했고요.

그 밖의 후보도 있었지만 사실상 프랑스의 부르봉 왕가와 오스트리아의 합스부르크 왕가 간의 2파전으로 스페인 왕위 계승 경쟁이 펼쳐졌습니다.

스페인은 여러 고민을 하다가 결국 부르봉 왕가 그랑 도팽 루이의 아들인 앙주 공작 필리프를 선택하는데, 그가 펠리페 5세로 즉위합니다. 그러자 오스트리아가 반발하면서 프랑스와 스페인 대 오스트리아와 그에 동조하는 잉글랜드, 네덜란드 간의 스페인 왕위 계승 전쟁이 발발하죠. 1712년 드냉 전투에서 프랑스 역사상 최고의 사령관으로 꼽히는 클로드 드 빌라르가 승리하면서 오스트리아 동맹군의 사기가 꺾이고 평화협상에서 유리한 위치를 차지할 수 있었습니다.

비슷한 시기에 신성 로마 제국 황제인 요제프 1세가 사망하고 뒤를 이어 그의 동생이면서 스페인 왕위 계승 후보였던 카를 대공이 카를 6세로 즉위해 평화협정을 체결할 수 있는 분위기가 조성되었습니다.

1713년 위트레흐트에서 양측의 평화협정이 체결됩니다. 조약에 따라 루이 14세의 손자인 앙주 공작 필리프가 스페인 왕권을 계승하기로 했죠. 대신 오스트리아가 스페인령 네덜란드와 나폴리 공국, 사르데냐, 밀라노 공국을 차지하기로 했고요. 이제 스페인령 네덜란드는 오스트리아령 네덜란드로 바뀌었습니다. 한편 잉글랜드는 스페인 최남단에 있는 지브롤터섬과 미노르카섬을 획득했습니다.

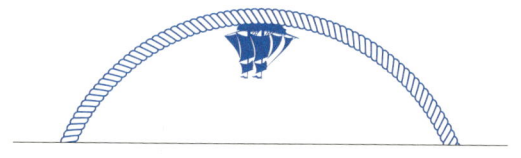

종교전에서 영토전까지, 30년 전쟁

종교개혁이 성공하자 부르주아들은 신흥 세력으로서 위치를 확고히 했습니다. 또한 그들은 왕과 결탁해 절대왕정 시대를 이끌었죠. 정치적으로 볼 때 귀족 중심의 중세는 상인 중심의 근대로 이전하고 있었고, 종교적으로 볼 때 가톨릭 중심의 중세 기독교는 프로테스탄트 중심의 근대 기독교로 대체되기 시작했습니다.

가톨릭 사회는 줄어만 가는 신자를 보충하고자 동방으로 선교 여행을 떠나는 등 변화를 모색했습니다. 아울러 프로테스탄트를 억제하고자 전쟁도 벌였고요. 슈말칼덴 전쟁, 위그노 전쟁, 네덜란드 독립 전쟁 등이 그 대표적인 예죠.

여기서 꼭 짚고 넘어가야 할 것이 있는데요, 16세기 유럽 종교전쟁이 단순히 종교적인 차이 때문만으로 발생한 게 아니라는 점입니다. 종교 이외에도 전쟁이 발생할 수밖에 없는 이유가 있었습니다. 절대왕정을 유지하기 위해선 월등한 군사력이 필요했기 때문이었죠.

프랑스의 부르봉 왕가, 잉글랜드의 튜더 왕가, 스페인과 오스트리아의 합스부르크 왕가 등 대표적인 절대왕정 국가들은 제후들의 도전을 제압하고자 너나 할 것 없이 상비군 제도를 도입했습니다. 그 재원은 상인들로부터 조달했고요. 상비군 제도를 운영하니 자연스레 인접 국가 간 전쟁 가능성이 높아질 수밖에 없었습니다.

17세기 유럽을 뒤흔든, 30년 전쟁

종교적 갈등에 정치적 상황까지 결합한 결과로 16세기 유럽 역사가 종교전쟁으로 점철된 것입니다. 그 대장정의 마침표를 찍은 전쟁이 바로 1618년부터 30년간 유럽을 뒤흔든 '30년 전쟁'입니다. 30년 전쟁은 오스트리아 왕자 페르디난트 2세가 보헤미아 왕으로 선택되면서 시작되었는데, 가톨릭이었던 그가 프로테스탄트를 억압했기 때문입니다.

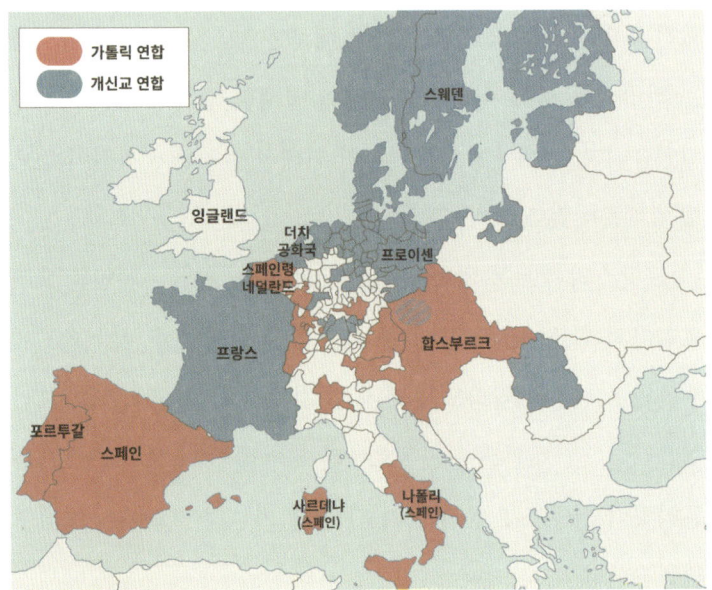

30년 전쟁의 대결 구도

　가톨릭 국가였던 스페인, 오스트리아의 합스부르크는 페르디난트 2세를 지지했습니다. 반면 신성 로마 제국 내 프로테스탄트 군주들과 프랑스, 잉글랜드, 스웨덴 등은 프로테스탄트 편에 가담했죠. 여기에 30년 전쟁의 핵심이 있습니다. 프랑스는 가톨릭 국가임에도 불구하고 프로테스탄트 편에 가담했다는 사실 말입니다.

　당시 합스부르크 왕가는 스페인을 비롯해 플랜더스 지방, 오스트리아 등 유럽에서 가장 넓은 땅을 지닌 제국이었습니다. 프랑스 부르봉 왕가는 합스부르크 왕가 사이에 끼어 있어 언제든지 정복 대상이 될 수 있었죠. 때문에 합스부르크 왕가도 프랑스의 부르봉 왕가를 가장 큰 라이벌이자 적으로 여겼습니다.

다만 프랑스는 가톨릭 국가였기 때문에 개전 초중반에는 본격적으로 참전하지 않았습니다. 겉으로 드러나지 않게 프로테스탄트 국가를 지원할 뿐이었죠.

그런 와중에 프랑스의 리슐리외 재상은 당시 최강의 야전 대포를 보유한 스웨덴을 전쟁에 끌어들임으로써 전세를 유리하게 이끌었습니다. 1635년 프랑스가 스페인에게 선전포고하면서 본격적으로 합스부르크와 대결을 시작했는데요, 전쟁의 성격은 종교전쟁에서 영토전쟁으로 변했습니다.

전쟁은 13년 후인 1648년 베스트팔렌 조약이 체결되면서 종료됩니다. 이 조약으로 프로테스탄트의 종교적 자유가 인정되었죠. 한편 합스부르크의 권위는 쇠퇴했고 그 틈을 타 독일 북부에서 호엔촐레른 왕가의 프로이센이 새로운 강자로 떠올랐습니다.

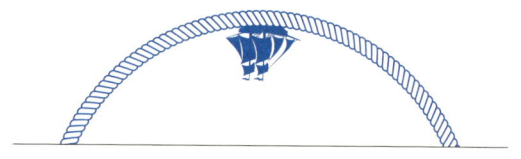

세계 최강대국 잉글랜드의 발판

잉글랜드는 1588년 칼레 해전에서 무적함대 스페인을 누르고 신흥 강국으로 떠올랐습니다. 이어 17세기를 지나며 네덜란드와 제해권을 다툰 결과 인도를 선점하고 경제 대국으로 부상했습니다.

부를 쌓은 잉글랜드의 상인 세력은 권력을 갖고 싶었고 왕을 비롯한 귀족들에게 특권을 내려 놓으라 요구했습니다. 잉글랜드에서 세계 최초로 두 번의 시민혁명이 발생한 것입니다.

청교도혁명의 경우

먼저 발생한 혁명은 청교도혁명입니다. 1625년 스튜어트 왕가의 찰스 1세가 즉위하는데, 그는 왕권신수설 신봉자였기에 의회의 도움 없이 독단적으로 국정을 수행했죠. 잉글랜드 국교회만 고집하며 청교도를 탄압했고요.

이런 독재 정치에 대해 1628년 의회는 찰스 1세에게 '권리청원'을 제출합니다. '권리청원'은 왕이 의회의 동의 없이 세금을 부과하거나 위법한 절차로 사람들을 체포할 수 없도록 규정하는 요구서였죠.

당시 유럽 대륙에선 30년 전쟁이 벌어지고 있었습니다. 찰스 1세는 큰 비용이 드는 군사 행동을 벌이고 있었기 때문에 자금이 필요했습니다.

그는 일단 '권리청원'을 받아들이고 의회로부터 자금을 확보하지만 이듬해인 1629년 약속을 어기고 의회를 강제 해산했죠. 이때부터 10년간 찰스 1세는 의회 없이 개인 통치기를 가졌고 국민의 반감은 극에 달했습니다.

그러던 중 찰스 1세가 스코틀랜드와의 전쟁 배상금 문제로 10년만에 의회를 다시 소집했고, 의원들은 이번 기회에 요구사항을 모두 관철하고 싶었습니다.

하지만 찰스 1세는 의회의 주장은 무시한 채 자신이 필요한 입법만 추진했습니다. 의원들은 당연히 강력하게 반발했죠. 결국 의회파와 왕당파 사이의 갈등이 폭발하면서 내전이 발발합니다. 이른바 청교도혁명입니다.

내전은 철기군을 이끈 올리버 크롬웰의 의회파가 승리했고 1649년 1월, 찰스 1세는 참수되고 말았습니다.

이제 잉글랜드에서 왕은 사라졌습니다. 1653년, 크롬웰이 호국경(왕을 섭정하던 귀족)이란 이름으로 잉글랜드와 스코틀랜드, 아일랜드를 다스리기 시작하죠.

비록 민중의 힘으로 혁명에 성공했지만 국가를 통치하는 데 다양한 소리는 거추장스러웠습니다. 크롬웰은 의회파 중에서 정권 유지에 필요한 중산층(입헌주의파)까지만 정치적 동지로 인정하는 한편 급진적인 하층민들(공화주의파)의 의사는 배제한 채 정치적, 군사적, 종교적 독재를 이어갔습니다.

공화주의파는 반발했지만 돌아오는 건 처형이었습니다. 혁명은 성공했지만 공화주의파가 설 자리는 없었죠.

명예혁명의 경우

1658년 크롬웰이 사망하니 크롬웰의 독재를 경험한 잉글랜드는 왕정으로 돌아가고 싶어집니다. 하여 1660년, 의회는 찰스 1세의 아들인 찰스 2세를 왕으로 복귀시키죠. 그는 부친의 처형을 기억하며 상대적으로 관대하고 유연한 통치를 이어갔지만 1685년 55세의 나이로 사망하고 말았습니다.

그렇게 찰스 2세의 동생 제임스 2세가 왕위에 오릅니다. 그는 가톨릭 신자였기 때문에 왕권을 강화하고 가톨릭 출신의 인재만 등용하기 시작하죠. 그의 통치에 반발이 큰 상황에서 아들마저 태어나 잉글랜드에서 가톨릭 기반의 왕조가 계속될 가능성이 커졌습니다.

잉글랜드의 귀족 지도자들은 제임스 2세의 딸 메리 2세의 남편인 윌리엄 3세를 끌어들이기로 합니다. 메리 2세와 윌리엄 3세는 모두 국교회 신자로 정통성이 있을 뿐만 아니라 윌리엄 3세가 네덜란드 총독으로 군사력도 월등했죠.

1688년 윌리엄 3세가 잉글랜드에 상륙했고, 제임스 2세는 별 저항 없이 프랑스로 도피해버립니다. 이듬해 메리 2세와 윌리엄 3세가 공동 군주로 즉위하죠. 즉위하며 메리 2세와 윌리엄 3세는 군주의 권한을 제한하고 의회의 권력을 강화하는 '권리장

윌리엄 3세가 잉글랜드에 상륙하는 모습

전'을 승인했고요.

따라서 왕은 정기적으로 의회를 소집해야 하며 의회의 동의 없이 법을 제정하거나 폐기할 수 없게 되었습니다(의회권 강화). 또한 왕은 의회의 동의 없이 법을 집행하거나 집행을 중단할 수 없고 고위직을 임명하거나 해임할 수 없게 되었죠(왕권 제한).

그 과정에서 피를 흘리지 않고 평화적인 정권 교체가 이뤄졌기에 명예혁명이라고 부릅니다. 이제 잉글랜드는 세계 최초로 입헌군주제 국가가 되었습니다. '군주', 즉 왕이 국가를 다스리되 '입헌', 즉 헌법에 입각해 다스리기로 한 것입니다. 헌법을 위반하면 왕도 통제될 수 있었죠. 왕의 권력이 약해지고 국민의 권력이 향상되었음을 의미합니다.

이제 잉글랜드는 절대왕정에 머물러 있는 유럽 대륙보다 한층 더 합리적인 의사결정 시스템을 갖췄습니다. 18~19세기를 거치며 잉글랜드가 세계 최강국으로 거듭날 수 있었던 근본적 이유입니다.

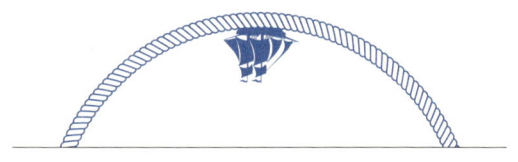

신흥 강자 프로이센, 출현하다

30년 전쟁으로 합스부르크 가문의 위상은 추락했습니다. 독일 지역에서 우선권을 상실했으니까요. 그러자 신흥 강자가 출현합니다. 바로 북부 독일에서 웅거하던 호엔촐레른 가문의 프로이센이었죠.

프로이센은 17세기에는 공국에 불과했지만, 합스부르크의 권력이 약해지면서 1701년 프리드리히 1세 시기에 왕국으로 승격했습니다.

당시 프랑스는 절대왕정의 최고봉인 태양왕 루이 14세 시기였습니다. 그는 개신교(위그노)에 대한 종교 자유를 인정했던 낭트 칙령(1598년)을 폐지한 대신 퐁텐블로 칙령(1685년)을 발표해 개신교를 억압하기 시작합니다.

　개신교도들은 갈 곳을 잃어버렸죠. 그때 프로이센의 프리드리히 1세가 프랑스 위그노들을 받아들였습니다. 그렇게 자연스레 프랑스의 선진 기술이 위그노들과 함께 프로이센으로 이동하게 된 것입니다.

　그리고 이어 프리드리히 빌헬름 1세와 프리드리히 2세와 같은 현명한 지도자들이 출현하면서 프로이센은 본격적으로 발전하기 시작했습니다.

　프리드리히 1세가 사망하고 아들 프리드리히 빌헬름 1세가 즉위했습니다. 그는 부왕이 마련해놓은 경제력의 대부분을 군사력 증강에 투자합니다.

　국가 행정을 군사 시스템에 맞춰 군사력 증강을 목표로 하는 국가를 '군국주의' 국가라고 합니다. 고대 로마를 비롯해 중세 프랑크 왕국, 근세 오스만 제국, 21세기 나치 독일 등이 모두 군국주의 국가의 예라고 할 수 있겠습니다.

　프리드리히 빌헬름 1세는 군국주의 노선을 고수했지만 실제로 전쟁을 하지 않았습니다. 유럽의 각국으로부터 겁쟁이라는 말을 들었지만 개의치 않았죠.

프로이센의 등장과 급부상

프로이센의 진가는 그의 아들 세대부터 발현됩니다. 프리드리히 빌헬름 1세의 아들이 바로 프로이센의 전성기를 이끈 프리드리히 2세이기 때문입니다.

1740년 신성 로마 제국은 카를 6세가 후계자 없이 사망함에 따라 장녀 마리아 테레지아가 즉위한 상황이었습니다. 그런데 게르만족에는 여성이 왕위를 계승할 수 없다는 살리카법이 있었죠. 프리드리히 2세는 이것이 전쟁의 명분이 될 수 있다고 판단했지만 속내는 따로 있었습니다. 경제적, 전략적으로 매우 중요한 요충지였던 슐레지엔 지방을 차지하고 싶었던 것입니다. 프로이센이 드디어 움직이기 시작합니다.

프로이센과 오스트리아 사이에서 오스트리아 왕위 계승 전쟁이 발발합니다. 이웃 국가인 프랑스는 합스부르크를 견제하고 유럽 내에서 영향력을 강화하고자 프로이센의 편에 서죠. 반면 영국은 프랑스를 견제하고자 오스트리아 편에 섰고요. 전쟁은 1745년 케셀스도르프에서 벌어진 전투에서 오스트리아가 결정적 패배를 당하면서 프로이센의 승리로 굳어졌습니다.

1748년 아헨 조약이 체결되면서 프로이센은 슐레지엔을 공식적으로 차지했고 마리아 테레지아는 합스부르크 왕권을 인정

케셀스도르프 전투 묘사도

받으며 나머지 영토를 지켰습니다. 그러나 합스부르크의 국제적 위상은 크게 추락하고 말았죠.

오스트리아는 잃어버린 슐레지엔 지방을 되찾을 방법을 모색했습니다. 국경을 맞댄 전통적 맞수 프랑스와 동맹을 맺으면 프로이센에 실질적인 위협을 가할 수 있다고 생각했죠.

오스트리아와 프랑스는 30년 전쟁 시기부터 맞대결을 펼쳐 온 전통적인 적대국이었지만 프랑스 역시 오스트리아 왕위 계승 전쟁으로 강력해진 프로이센을 견제하지 않을 수 없었습니다. 양국은 1756년 베르사유 조약으로 동맹을 맺습니다.

한편 프로이센은 프랑스의 위협에 대비하고자 영국과 동맹을 맺으려 했습니다. 영국 역시 프랑스의 식민지를 억제하고자 프로이센의 힘이 필요했죠. 양국의 이해관계가 일치함에 따라 웨스트민스터 조약으로 동맹을 확정합니다.

1756년, 유럽의 전통적인 동맹 관계를 완전히 뒤바꿔버린 이 사건을 외교혁명이라고 합니다. 하지만 외교혁명은 곧장 7년 전쟁으로 이어지고 말죠. 오스트리아는 새로운 동맹으로 슐레지엔을 되찾으려 했고 프랑스와 영국은 식민지를 독차지하고자 아메리카 대륙, 인도 등지에서 경쟁합니다.

전쟁 결과 1763년 프로이센과 오스트리아 간의 후베르투스부르크 조약이 체결되면서 프로이센이 슐레지엔을 유지하기로 합의합니다. 프로이센은 신성 로마 제국 황제를 선출할 때 오스트리아를 지지하기로 했고요.

이로써 오스트리아 합스부르크는 명목상 신성 로마 제국 황제의 직위를 유지할 수 있었습니다. 그러나 실질적으로는 요충지인 슐레지엔을 빼앗기며 독일 지역의 주도권을 프로이센에게 넘겨주고 말았죠.

19세기에 독일 통일을 주도하는 세력이 프로이센이 된 근본적 이유입니다.

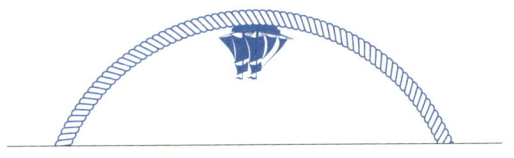

또 다른 신흥 강국 러시아의 급부상

프로이센과 함께 신흥 강국으로 떠오른 국가가 바로 표트르 1세의 러시아 제국입니다. 표트르 1세의 아버지는 루스 차르국의 차르 알렉세이 미하일로비치입니다.

그는 첫 번째 왕비인 마리아 일리니치나와의 사이에서 소피아 알렉세예브나, 표도르 3세, 이반 5세 등 3남매를 낳았지만 마리아가 1669년에 사망했죠. 나탈리야 키릴로브나 나리쉬키나와 재혼했고 표트르 1세를 낳았는데 이번에는 미하일로비치가 1676년에 사망합니다.

이후 차르는 표트르 1세의 이복 형인 표도르 3세에게 돌아갔지만 그도 1682년 후계자 없이 사망하고 말았습니다. 또 다른 이복형 이반 5세가 차르로 즉위해야 했지만, 그는 정신적 문제로 즉위할 수 없었고요. 이에 러시아 정교회는 열 살에 불과한 표트르 1세를 차르로 지목했습니다. 하지만 첫 번째 왕비 마리아를 지지하는 측에서 받아들일 수 없었고 마리아파는 쿠데타를 일으키죠. 그 결과 이반 5세를 상급 차르로, 표트르 1세를 하급 차르로 하되 실제 섭정권은 첫째 딸 소피아가 갖기로 합니다.

그녀는 1682년부터 1689년까지 섭정으로 차르국을 통치했지만, 1689년 소피아 반대파가 다시 정권을 빼앗고 표트르 1세가 재집권합니다.

표트르 1세의 강단

표트르 1세의 목표는 강력한 해군을 구축하고 부동항을 확보하는 것이었습니다. 1697년 그는 수백 명의 사절단과 함께 당시 최강의 해상국 잉글랜드와 네덜란드를 순방했고, 그곳에서 해군력은 물론 국가 운영의 모든 걸 배웁니다. 귀국한 표트르 1세는 불필요한 전통을 과감히 없애버리죠. 예를 들면 러시아인에게 상징과 같았던 긴 수염을 모두 자르게 했습니다. 의상, 달력, 시계를 서유럽식으로 바꿨고요. 금지했던 흡연도 허용하죠.

내부적으로 사회 개혁을 진행함과 동시에 표트르 1세는 발트해의 무역로를 장악하고자 스웨덴과의 전쟁을 일으켰습니다. 잉그리아 지역의 러시아 정교회 신도들을 보호한다는 명목이었죠. 1700년부터 21년간 지속된 대북방전쟁입니다.

스웨덴은 30년 전쟁에서 합스부르크의 간담을 서늘케 했던 군사 강국이었습니다. 스웨덴의 젊은 국왕 카를 12세는 전쟁 초기 펼쳐진 나르바 전투에서 자국 군대보다 세 배나 많았던 표트르 1세의 군대에 승리하죠. 표트르 1세는 이 전투에서의 뼈아픈 패배를 계기로 근대적 군대 양성을 다짐합니다.

전투 이후 스웨덴은 러시아가 재기하기 어려울 것으로 생각했습니다. 하여 러시아 내부로 진격하는 대신 폴란드와 작센 지역에 공격을 집중했는데, 표트르 1세는 그 틈을 타 군대를 서유럽식으로 재편합니다. 그리고 나르바 요새를 수복한 후 네바강 입구에 러시아의 새로운 수도 상트페테르부르크를 건설하죠.

네바강은 부동항이 아니었기에 수도로 그리 좋은 입지 요건은 아니었습니다. 그러나 항구가 필요했던 표트르 1세는 이곳에 수민 명의 인력을 투입해 도시를 건설합니다. 건설 과정에서 많은 사람이 희생되었지만 표트르 1세는 개의치 않았죠.

상트페테르부르크는 '성 베드로의 도시'라는 뜻으로 표트르 1세 자신과 그 자신의 수호 성인 성 베드로에서 따왔습니다.

1700년 나르바 전투 전경

1914년 제1차 세계대전 중에는 반독일 정서가 강해지면서 독일어 느낌이 있는 '상트페테르부르크'를 러시아어 발음인 '페트로그라드'로 바꿨죠. 1924년에는 블라디미르 레닌이 사망함에 따라 소련 정부가 그를 기리는 의미에서 '레닌의 도시'라는 뜻으로 '레닌그라드'라고 불렀고요. 이후 레닌그라드는 소련의 상징적 도시가 되었는데, 1991년에 소련이 붕괴하고 러시아 연방이 탄생하면서 다시 상트페테르부르크가 되었습니다.

대북방 전쟁 이후

✣

1709년 벌어진 폴타바 전투에서 표트르 1세가 카를 12세에 결정적 승리를 거두면서 러시아는 북유럽의 패자로 우뚝 섰습니다. 한편 카를 12세는 패잔병들과 함께 남쪽으로 도주해 오스만 제국으로 망명했고요.

스웨덴은 폴타바 전투 이후에도 12년 동안 저항했지만 결국 표트르 1세를 넘어서지 못했습니다. 1721년 스웨덴은 패배를 인정하고 러시아와 뉘스타드 조약을 체결하죠. 이 조약으로 러시아는 스웨덴으로부터 잉그리아, 에스토니아, 리보니아, 카렐리아 일부를 양도받았습니다.

그와 동시에 표트르 1세는 서유럽의 제국들과 동등한 제국임을 강조하고자 국호를 '러시아 제국'으로 바꿉니다. 그리고 자신을 서구식의 '황제'로 부르게 했죠.

그렇게 표트르 1세 이후 러시아 군주는 황제와 차르라는 두 가지 칭호를 함께 사용합니다. 황제는 국제적인 지위를 나타낼 때 주로 사용했고, 차르는 러시아 내에서 전통적인 권위를 나타낼 때 주로 사용했습니다.

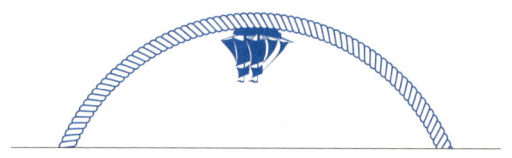

현 세계 최강국
미국의 탄생을 목도하라

　제임스 1세 통치기인 1607년, 미국 동부에 최초의 잉글랜드 식민지 제임스타운이 건설됩니다. 1620년이 되자 박해받던 청교도인들이 메이플라워호를 타고 미국 동부에 도착하죠. 미국 이민 역사가 본격적으로 시작된 것입니다.

　청교도인들이 잉글랜드를 떠난 이유는 제임스 1세가 모든 국민에게 국교회를 강요하며 청교도들을 탄압했기 때문이었습니다. 동시에 신성 로마 제국 페르디난트 2세도 모든 제후국에게 가톨릭을 강요하면서 전쟁을 벌이고 있었죠. 프랑스에서도 위그노에게 자유를 줬던 낭트 칙령의 효과가 퇴색되고 루이 13세가 위그노들을 탄압했고요. 스페인 역시 개신교 국가인 네덜란드와 독립전쟁을 벌이고 있었습니다. 서유럽 전체가 종교전쟁의 마지막을 향해 치닫고 있었습니다.

잉글랜드 국교회로부터 무지막지한 탄압을 받던 청교도인 102명이 식민지 거주 허가를 받았고 1620년 9월 16일 메이플라워호를 타고 잉글랜드 남단의 플리머스를 떠나 11월 19일 케이프코드반도에 도착합니다. 그들은 이곳을 자신들이 출발했던 곳인 플리머스라고 부르기로 하죠.

메이플라워호가 도착하기 전에도 이미 많은 유럽인이 북미 지역에 정착해 있었음에도 불구하고 미국인들은 메이플라워호에 탔던 사람들을 미국 이민의 시조로 봅니다.

메이플라워 서약 때문인데요, 청교도인들은 식민지에서 살아갈 기본적인 규약을 정하고 지킬 걸 서명했습니다. 이 서약은 전제왕권 시대를 구가하던 유럽의 사회적 통념을 깨는 획기적인 발상이었습니다. 따라서 미국인들은 이 문서를 미국인들의 생각을 담은 최초의 건국 문서로 보는 것입니다.

이듬해인 1621년 청교도인들은 원주민의 도움으로 첫 번째 수확을 거둡니다. 그래서 그들을 초청해 감사 축제를 열었죠. 미국 추수감사절의 기원입니다.

추수감사절은 초대 대통령 조지 워싱턴이 국경일로 선포한 후 프랭클린 D. 루스벨트의 수정을 거쳐 1941년에 미 의회가 매

년 11월 넷째주 목요일로 확정해 현재에 이르고 있습니다.

수확이 반복되고 소식이 전해지자 수십 년 동안 이주민은 점차 늘어났습니다. 17세기 말에 이르면 총 열세 개 주에 잉글랜드 식민지가 건설되었죠. 열세 개 주는 북부(뉴잉글랜드), 중부, 남부로 나뉩니다.

북부에는 청교도인들이 많았습니다. 날씨가 추워 농사보다는 어업에 종사하는 사람들이 많았죠.

중부는 가톨릭, 잉글랜드 국교회, 청교도 등 다양한 종교인들이 어울려 살았습니다. 네덜란드, 독일, 스웨덴 등 타국 출신의 사람들도 많이 살았고요. 비옥한 땅 덕분에 사람들 대부분이 농사를 지었죠.

남부는 주로 잉글랜드 국교도들이 거주했습니다. 남부에서도 북쪽은 주로 담배를, 남쪽은 쌀 농사를 지어 무역을 했고요. 남부인들의 상당수는 훗날 독립에 반대하며 현재의 캐나다로 이주하게 되죠.

이주민의 종교와 국적이 다양했기 때문에 열세 개 주가 서로 갈등이 없었던 건 아닙니다. 그러나 그들은 서로를 인정하고 규칙을 만들어 세금을 내면서 유럽의 절대왕정과 다른 길을 걸어갔습니다. 그 결과 엄청난 발전을 이룰 수 있었죠.

미국으로 옮겨붙은 유럽 내 전쟁

당시 유럽은 1648년에 베스트팔렌 조약이 체결되면서 종교전쟁은 마무리되었지만 영토전쟁은 여전히 펼쳐지고 있었습니다. 스페인, 프랑스, 오스트리아, 잉글랜드 등 유럽의 강대국들은 서로 힘의 균형을 맞추고자 때로는 동맹하고 때로는 적이 되어 전쟁하고 조약 맺기를 반복하고 있었습니다.

유럽 내의 영토전쟁이 북미 지역으로 옮겨붙은 게 1755년 발발한 7년 전쟁입니다. 프렌치-인디언 전쟁이라고도 하는데, 영국과 프랑스가 북미의 패권을 두고 펼친 전쟁이죠. 그 밖에 영국과 프랑스는 1757년 인도에서도 플라시 전투를 펼쳤습니다. 하여 7년 전쟁을 사실상 제1차 세계대전으로 봐야 한다고 주장하는 학자도 있습니다.

영국의 관점에서 프랑스가 인디언과 연합해 잉글랜드를 상대했다고 해서 프렌치-인디언 전쟁이라고 불렀지만, 영국도 인디언과 연합해 프랑스를 상대한 건 마찬가지였습니다.

전쟁은 영국이 승리해 프랑스는 미국 내 식민지의 대부분을 상실했습니다. 하지만 영국도 전쟁을 치르면서 어마어마한 빚을 져야 했고 다름 아닌 식민지 이주민들에게 과도한 세금을 부과하며 해결하려 했습니다.

하지만 아메리카에서 태어나고 자란 세대는 자신들이 영국인이라는 생각보다 아메리카인이라는 생각이 컸습니다. 그런 생각이 바탕에 깔려 있었기 때문에 이주민들의 반발은 당연한 것이었죠.

1770년 영국은 특히 반발이 심했던 보스턴 지역에 군대를 파견해 보스턴 학살 사건을 일으킵니다. 사건은 보스턴 시민들의 더욱 거센 저항을 불러일으켰고 1773년 보스턴 차 사건으로 귀결되죠.

미국 독립 전쟁부터 미국 독립까지

영국은 보스턴 차 사건을 반란 행위로 판단하고 1774년 보스턴에 네 개 연대를 파견합니다. 이에 식민지 이주민 대표들은 필라델피아에 모여 제1차 대륙회의를 개최하죠.

이때까지 이주민들은 독립보다 조지 3세에게 청원서를 보내 자치권을 획득하려 했습니다. 하지만 1775년 미국 민병대와 영국군이 렉싱턴에서 만나 첫 전투가 벌어졌고, 전투가 영국의 패배로 끝나면서 미국 독립 전쟁이 시작되었습니다.

1775년 5월 필라델피아에서 제2차 대륙회의가 열렸습니다.

회의에 참석한 인사들은 영국군 출신의 노련한 사령관 조지 워싱턴을 총사령관으로 하는 식민지 연합군을 창설해 영국군에 대항하기로 하죠.

1776년 펜실베니아를 시작으로 각 주의 독립선언이 이어지자 대륙회의는 토머스 제퍼슨에게 '독립선언서' 초안을 부탁합니다. 그는 천부인권, 인민의 저항권, 평등권 등 민주주의 핵심 사상을 담고 있는 '독립선언서'를 만들죠.

1776년 7월 4일 '독립선언서'를 공포하면서 미국은 자국의 독립을 알립니다. '독립선언서'는 이후 1789년 프랑스대혁명의 인권선언에 직접적으로 영향을 끼쳤습니다.

한편 1776년 8월 롱아일랜드 전투에서 패배한 워싱턴의 독립군은 남쪽으로 후퇴했는데, 영국의 윌리엄 하우 사령관은 추격을 멈추고 크리스마스를 즐기고 있었죠.

이에 워싱턴은 크리스마스 밤 어둠을 뚫고 델라웨어강을 건너 영국군을 기습하면서 최초의 승리를 거둡니다. 이후 새러토가 전투에서도 승리했고요.

미국이 승기를 잡은 것으로 판단한 프랑스가 미국을 주권 국가로 인정하고 영국에 선전포고를 합니다. 스페인과 네덜란드도 독립군을 지원하기로 하죠. 영국은 본국으로부터 보급품을 조달해야 했기 때문에 시간이 갈수록 불리했습니다.

1783년 11월 25일, 뉴욕에 입성하는 조지 워싱턴

이윽고 1781년 10월 요크타운 전투에서 패배한 찰스 콘월리스 장군이 항복하면서 전쟁은 미국의 승리로 종료되었습니다.

1783년 파리에서 조약이 체결됩니다. 영국은 미국의 독립을 조건 없이 승인하죠. 미국의 영토는 북쪽으로는 캐나다 국경에서부터 남쪽으로는 스페인이 차지하기로 한 플로리다와의 경계선까지, 동쪽으로는 대서양 연안에서 서쪽으로는 미시시피강에 이르는 지역으로 결정되었습니다.

독립을 쟁취한 미국은 드디어 자국 정부를 구성할 수 있게 되었습니다. 당시 미국의 열세 개 주는 연합해 영국에 대항하긴 했지만 산업 구조도 다르고 민족도 달랐기 때문에 통일된 국가라는 생각을 갖고 있지 않았습니다.

미국인들은 자신의 기본권을 지키고자 엄청난 희생을 치렀습니다. 하여 강력한 연방정부가 등장하면 국민의 기본권을 제한하고 각 주의 자율성을 해칠 수 있다고 생각했죠.

따라서 연방정부의 필요성을 인정하면서도 쉽게 정부를 구성할 수 없었습니다. 각 주의 대표단들은 끊임없이 토론하고 양보하면서 권력을 분산했고, 그 결과 견제와 균형을 맞춘 연방헌법을 구성할 수 있었습니다.

여성과 흑인에겐 참정권이 없다는 한계가 명백히 있는 헌법이었지만, 연방헌법에 담긴 민주주의 원칙과 제도들은 그 자체로 당시의 통념을 깨는 내용이었죠.

새로운 헌법에 따라 1789년 총선거가 치러졌고, 선거인단의 만장일치로 조지 워싱턴이 미국의 초대 대통령이 되었습니다.

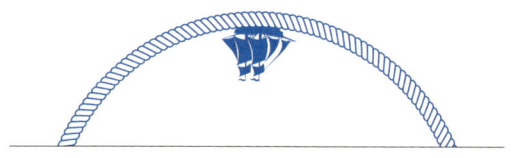

오늘날 민주주의의 태동과 뼈대

토마스 홉스와 절대왕정

1651년, 잉글랜드는 청교도혁명의 결과로 찰스 1세가 처형되고 크롬웰이 호국경으로 국가를 공포정치로 통치하는 혼란한 시기에 있었습니다.

그때 철학자 토마스 홉스가 강력한 중앙집권의 필요성을 주장하며 사회계약이 국가의 기원이라고 한 『리바이어던』을 발표합니다. '리바이어던'은 구약 성경에 등장하는 거대한 바다 괴물로 일반적으로 막강한 힘과 위협적인 존재를 의미합니다.

홉스는 국가 또는 주권자가 강력하고 절대적인 권력을 가진 존재로서 사회 혼란을 억누르고 질서를 유지해야 한다는 점을 강조하고자 책 제목을 『리바이어던』으로 정했습니다.

그의 주장은 중세 왕권신수설을 벗어나 근대적 국가 이론의 출발점이기 때문에 매우 중요합니다. 그는 정부나 법이 없는 상태를 '자연 상태'라고 명명하며 '만인의 만인에 대한 투쟁'으로 규정했죠. 이 상태를 그대로 두면 전쟁을 막을 수 없다고 주장했고요.

따라서 인간은 모두가 두려워하고 복종할 수밖에 없는 공동의 권력, 즉 '국가'라는 공동체를 만들어 자연 상태를 벗어난 거라고 설명했습니다.

홉스는 국가에 권력을 양도하기로 한 이 묵시적 계약을 '신약'이라 했습니다. 여기서 약속의 대상은 국민과 군주가 아니라 국민끼리 계약을 맺고 주권자에게 권력을 양도하는 것이죠. 국민으로부터 권력을 양도받은 군주가 주권자가 되어 국민에게 안전과 평화를 제공함으로써 신약을 이행한다고 한 것입니다.

따라서 국민은 어떤 경우에도 주권자인 군주의 권위에 복종해야 했습니다. 즉 전대왕정(전제군주제)을 옹호한 것이죠.

존 로크와 입헌군주제

입헌군주제를 주장한 철학자도 있습니다. 존 로크는 '자연 상태'를 홉스와 달리 평화롭고 합리적인 상태로 봤죠.

그는 자연 상태에서 인간은 기본적으로 생명권, 자유권, 재산권이라는 세 가지의 권리를 가진다고 주장했습니다. 모든 인간이 태어날 때부터 자연스럽게 갖는 권리이므로 '자연권'이라 하며 타인에 의해 침해될 수 없는 절대적 권리로 생각했죠.

로크는 자연 상태에서 모든 이가 이성을 갖고 행동하지만 자신의 권리를 방어하는 과정에서 갈등이 발생할 수 있으므로, 이를 해결하고자 사회계약으로 정부를 설립했다고 주장했습니다.

정부의 주요 역할은 국민의 자연권을 보호하는 것이며, 국민은 정부가 본연의 역할을 다하는 한 그 권위를 인정하고 복종해야 한다고 설파했습니다.

그러나 만약 정부가 자연권을 침해하거나 보호하지 못할 경우 국민은 정부에 저항할 권리를 가진다고 했죠. 즉 그는 절대왕정을 반대한 철학자입니다.

대안으로 로크는 군주의 권한을 헌법과 법률로 제한하는 입헌군주제를 제시했습니다. 구체적으로는 입법권과 행정권을 분리함으로써 군주의 권력 남용을 견제할 수 있다고 생각했죠.

다만 여기서 말하는 분리는 현대적 의미의 입법(국회), 행정(정부)의 분리가 아닌 정부 내에서 권력이 집중되는 걸 방지하는 수준의 조치였습니다. 나아가 정부가 제 역할을 다하지 못하면 국민이 정부 자체를 교체할 수 있다고 주장했고요.

로크의 사상은 잉글랜드에서 명예혁명으로 확립된 입헌군주제의 사상적 바탕이 되었습니다.

장 자크 루소와 사회계약론

시간적으로 가장 늦게 활동한 장 자크 루소는 홉스나 로크보다 훨씬 급진적인 사회계약을 주장했습니다.

그는 자연 상태에서 인간을 본래 평등하고 자유로운 존재로 봤으나, 사유재산이 등장하면서 불평등과 갈등이 생겼다고 주장했죠.

루소는 인간이 다시 자유와 평등을 회복하고자 사회계약이 필요하다고 생각했습니다. 개인이 자신의 권리를 공동체에 양도하고 그 대가로 모두가 평등하게 자유와 권리를 보장받는 제도를 사회계약이라 했고요.

루소의 사회계약론에서 가장 중요한 개념은 '일반 의지'입니

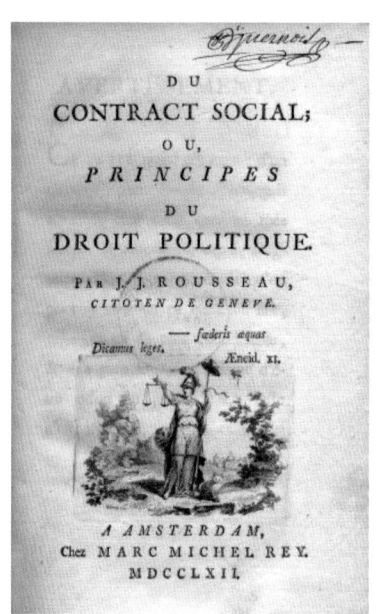

장 자크 루소의 『사회계약론』

다. 일반 의지는 공동체 전체의 이익을 대표하는 의지로, 모든 개인적 이익을 초월하는 공공의 이익을 의미합니다.

그는 진정한 자유가 개인이 일반 의지를 따를 때 실현된다고 주장했고, 나아가 공화정이 공동체 전체의 일반 의지를 가장 잘 구현할 수 있는 체제라고 생각했습니다.

따라서 국민이 직접 법을 제정하는 직접 민주주의가 이상적이라고 믿었습니다. 즉 주권은 국민 전체에게 있으며 양도될 수 없는 권리라는 것이었죠. 반면 정부는 국가가 제정한 법을 집행하는 기관일 뿐입니다.

따라서 정부는 주권자의 일반 의지를 실행하는 도구로서의 역할을 해야 한다는 것이었죠. 만약 정부가 국민의 권리를 침해하거나 일반 의지에 반하는 방식으로 권력을 행사할 경우, 국민은 정부를 교체할 수 있는 권리를 갖는다고 주장했습니다. 그의 논리는 프랑스대혁명에 큰 영향을 끼쳤습니다.

4부

혁명·자본·제국의 근대 유럽사

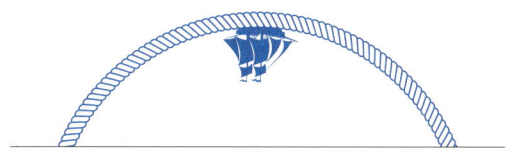

인류 문명의
결정적인 변화 한가운데서

14세기 백년전쟁 시기로 돌아가보겠습니다. 영국은 토질이 좋지 않아 농업보다 목축업이 발달했고 양모 생산이 주요 산업이었습니다.

영국은 고급 방직 기술이 부족해 가공된 모직물을 직접 생산하지 못했습니다. 생산한 양모를 유럽 대륙의 플랜더스 지방으로 수출해야 했죠. 플랜더스는 유럽 최고의 방직 기술을 보유한 지역으로 그곳의 기술자들은 영국산 양모를 가공해 고품질의 모직물을 생산한 뒤 유럽 전역에 판매하며 큰 부를 쌓았습니다.

영국으로선 원재료를 공급하는 역할에 머물러야 하는 상황이 불만스러웠습니다. 또한 플랜더스의 방직업자들은 프랑스 왕의 통제 아래 있었기 때문에, 영국의 양모 수출이 언제든 위협받을 수 있는 상태였고요. 영국은 플랜더스를 프랑스의 영향력에서 떼어내고 양모 산업의 주도권을 확보하고자 했죠.

명목상 백년전쟁은 프랑스 왕위 계승 문제에서 촉발된 전쟁이지만, 영국과 프랑스 양국의 역학관계도 주요 이유 중 하나였습니다.

당시 영국 왕실은 프랑스 왕실과 혼인 관계를 맺고 있었습니다. 1328년 프랑스 왕 샤를 4세가 후계자 없이 사망하자, 영국 왕 에드워드 3세는 자신이 프랑스 왕위를 계승할 권리가 있다고 주장했죠. 그러나 프랑스 귀족들은 발루아 가문의 필리프 6세를 새로운 왕으로 추대합니다. 이에 반발한 영국이 선전포고를 하면서 전쟁이 시작되었습니다.

백년전쟁의 결과, 영국은 프랑스 내 모든 영지를 상실하고 말았습니다. 하지만 장기적 측면에선 예상치 못한 이점을 얻었죠. 전쟁으로 피폐해진 플랜더스 지방의 방직업자들이 보다 안정적인 환경을 찾아 영국으로 이주한 것입니다.

이를 계기로 영국은 방직 기술을 획득했습니다. 특히 영국 왕실은 방직 기술을 적극 장려하며 모직물 산업을 보호하고 발전시키기 위한 정책을 추진했죠.

영국에서 시작된 산업혁명

15~16세기에 이르러 영국은 유럽 최고의 모직물 생산국으로 부상했습니다. 이 과정에서 네덜란드의 암스테르담이 영국산 모직물 유통 거점으로 우뚝 섰죠. 네덜란드는 영국산 모직물을 사들여 유럽 대륙으로 다시 판매하며 막대한 부를 축적했고요. 이후 영국과 네덜란드는 해상 무역과 해외 식민지 개척으로 긴밀한 협력과 경쟁을 펼쳤습니다.

17세기에 들어서자 유럽 경제의 중심이 아시아로 확대되었습니다. 당시 유럽 국가들은 필수품인 향신료 무역을 장악하고자 동남아시아로 진출하고 있었는데요, 특히 영국과 네덜란드는 동인도회사를 설립해 치열한 경쟁을 벌였습니다. 네덜란드가 먼저 동남아시아에서 우위를 점하며 향신료 무역을 독점하는 데 성공하죠. 영국은 인도로 눈을 돌려야 했습니다.

이 과정에서 중요한 전환점이 된 사건은 영국 왕 찰스 2세와 포르투갈 공주의 결혼이었습니다. 포르투갈은 영국과의 동맹 강화를 원했고요. 따라서 신부 지참금으로 인도 서부 해안의 포르투갈령 봄베이를 영국에게 양도했습니다. 영국은 이 지역을 동인도회사의 거점으로 삼아 인도 무역을 본격적으로 확대할 수 있었죠.

영국이 향신료와 더불어 인도에서 주목한 건 면직물이었습니다. 인도산 면직물인 캘리코는 가볍고 통기성이 뛰어난 한편 세탁이 용이해 유럽 시장에서 폭발적인 인기를 끌었죠.

처음에는 식탁보, 침대보, 커튼 등에 사용되었으나 점차 의류용으로도 각광받으며 영국 내에서 널리 퍼졌습니다. 영국의 전통적 모직물 산업은 큰 타격을 받을 수밖에 없었죠.

모직물 산업계는 캘리코와의 경쟁에서 살아남고자 대응책을 모색해야 했습니다. 그중 하나가 미국 남부와 카리브해 지역의 플랜테이션을 활용한 면화 재배였습니다.

영국은 식민지에서 값싼 면화를 대량으로 수입하고 가공해 경쟁력을 확보하려 했습니다. 하지만 당시 면직물 생산은 여전히 수작업에 의존하고 있어 생산량이 한정적이었고, 인건비가 높아 가격 경쟁력이 부족했죠.

이러한 한계를 극복하고자 방적기와 직기를 기계화하는 연구가 활발히 진행되었고, 그 결과 18세기 후반 산업혁명의 서막을 여는 중요한 기술적 혁신을 이룩할 수 있었죠.

1764년 제임스 하그리브스의 스피닝 제니 방적기, 1769년 리처드 아크라이트의 수력 방적기, 1779년 새뮤얼 크럼프턴의 뮬 방적기 등을 연이어 발명하면서 면직물 산업의 생산성이 비약적으로 발전했습니다.

1835년 영국의 한 직조 공장

여기에 제임스 와트의 증기기관이 결정적 역할을 했죠. 와트는 금속가공업자 매튜 볼턴과 협력해 증기기관의 효율을 크게 향상시켰고, 면직 공장에 도입함으로써 대규모 기계화를 가능하게 했습니다.

기계화가 본격화되면서 철의 수요도 급증했고 제철업이 발전했습니다. 아울러 증기기관의 발전은 교통 혁신을 이끌었죠. 19세기 초반 증기기관차와 증기선이 등장하면서 철도와 해운업이 급격히 성장했고요. 이는 물류 비용을 절감해 국제 무역을 더욱더 활성화시켰습니다.

영국은 식민지에서 값싼 원료를 들여와 대량 생산한 면직물을 전 세계로 수출하면서 세계 경제의 주도권을 장악할 수 있었습니다.

영국에서 유럽 그리고 미국까지

산업혁명은 영국에서 시작되었지만 곧 유럽과 미국으로 확산되었습니다. 영국 정부는 특허 제도로 기술 개발자의 권리를 보호하려 했으나 타국까지 제어할 수는 없었죠.

다른 나라들은 영국의 선진 기술을 적극적으로 모방하고 도입하기 시작했습니다. 특히 독일은 기계화된 공장을 대규모로 설립하며 빠르게 산업화를 진행했고, 19세기 후반 영국을 위협할 정도로 경제력을 키울 수 있었죠.

프랑스는 나폴레옹이 대륙봉쇄령(베를린 칙령)으로 영국 상품의 유입을 차단하려 했지만, 결국 자국 내 산업 육성을 위해 영국의 기술을 적극적으로 도입하는 방향으로 전환할 수밖에 없었고요.

영국이 백년전쟁에서 패배해 모직물 기술자들이 프랑스에 그대로 있었다면 어떻게 되었을까요? 영국의 동인도회사가 네덜란드의 동인도회사보다 강해 영국이 동남아시아를 차지하고 네덜란드가 인도에 정착했다면 어떻게 되었을까요? 인도산 캘리코에 자극받은 영국 모직물 산업계가 이에 대항하고자 새로운 길을 모색하지 않았다면 어떻게 되었을까요?

산업혁명은 '혁명'이라는 용어 때문에 어느 날 갑자기 일어난 것 같은 착시 현상을 불러일으키지만, 산업혁명은 적어도 몇 백 년 동안 영국의 산업계가 역동적으로 변화한 결과로 일어난 사건입니다. 역사는 영국의 산업혁명을 이와 같은 방식으로 바라볼 수 있게 해줍니다.

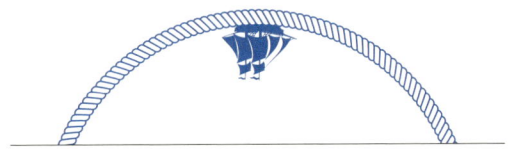

1789년 프랑스대혁명의 막전막후

근대 유럽사에서 잉글랜드와 함께 양대 축이었던 프랑스를 들여다봅니다.

프랑스는 백년전쟁에서 승리했기 때문에 시스템을 바꿀 이유가 없었습니다. 하여 잉글랜드가 근대화를 시작할 때 프랑스는 중세적 삶을 유지했죠. 그러니 프랑스의 부르주아 형성, 절대왕정의 확립, 시민혁명이 잉글랜드보다 늦어진 건 어느 정도 필연적입니다.

1648년에 체결한 베스트팔렌 조약은 30년 전쟁을 종식시키며 유럽에 새로운 국제 질서를 가져왔습니다. 이 조약은 종교적 전쟁이 아닌 국가 간의 세속적 전쟁이 유럽을 지배하는 계기를 만들었죠. 이제 유럽 국가들은 영토 확장과 세력 균형을 목표로 하는 전쟁에 집중했습니다.

이후 벌어진 스페인 왕위 계승 전쟁, 오스트리아 왕위 계승 전쟁, 7년 전쟁 등 일련의 전쟁은 모두 유럽의 패권을 두고 벌어진 전쟁들이었습니다.

당시 영국은 7년 전쟁과 이후의 전쟁 비용을 신생 국가였던 미국에게 전가하려 했습니다. 그러나 이러한 시도는 미국 식민지의 강력한 반발을 불러일으켰고, 결국 미국 독립 전쟁으로 이어지고 말았죠.

프랑스는 라이벌 영국의 힘을 약화시키고자 미국에게 막대한 자금을 투자해 독립을 지원했고요. 그렇게 미국은 독립했지만 프랑스 재정이 파탄에 이르렀습니다. 훗날 프랑스대혁명의 불씨가 되었죠.

프랑스의 부르봉 왕조는 재정난을 극복하고자 국채와 지폐를 남발했고 심각한 인플레이션이 발생했습니다. 그 결과 민생의 고통을 더욱 가중시켰죠.

곧 프랑스 사회는 극심한 경제적 불안에 직면했습니다. 이러한 배경 속에서 1789년에 프랑스대혁명이 일어난 것입니다.

프랑스대혁명의 시작

1789년 7월 14일, 시민들이 폐허가 된 무기창고 하나를 습격해 총과 대포를 확보하고 바스티유 감옥을 습격합니다. 바스티유 감옥이 절대왕정의 상징처럼 여겨지고 있었기 때문입니다.

혁명 초반에는 시민들의 의도대로 진행되었습니다. 1789년 8월에는 인권선언도 통과되었죠. 평등과 자유, 그리고 국민 주권의 원칙을 명문화하는 중요한 문서로 자리잡았습니다.

그러나 오스트리아나 프로이센과 같은 인접 왕조 국가들은 프랑스대혁명의 영향을 우려했습니다. 자국민들도 프랑스대혁명의 영향을 받아 혁명을 일으킬 수 있었기 때문이죠. 그런 이유로 프랑스대혁명을 저지하려 했습니다.

프랑스는 이에 맞서 1792년 오스트리아에 선전포고를 합니다. 프랑스혁명 전쟁의 시작을 알리는 신호탄이었죠. 오스트리아는 프로이센과 동맹을 맺어 프랑스를 압박하기 시작했고요.

전쟁 초반에는 프랑스가 열세에 처해 국경이 뚫리기도 했지만 프랑스혁명 정부는 강경하게 대응하죠. 루이 16세가 의용군 모집을 거부하자 그를 처형하며 군주제를 폐지하고 1792년 제1공화국의 탄생을 선포한 것입니다.

1789년 7월 14일 바스티유 감옥 습격 사건

프랑스대혁명의 결과

제1공화국의 초기 지도자는 급진적인 자코뱅파의 막시밀리앙 드 로베스피에르였습니다. 그는 프랑스 내부의 적들, 즉 혁명에 반대하는 세력과 부르봉 왕조의 지지자들을 단두대로 제거하는 공포정치를 실행했죠.

로베스피에르는 혁명을 지키고자 적폐를 철저히 청산하려

했는데 그 과정에서 동지였던 자크 르네 에베르, 조르주 당통, 그리고 장폴 마라 등 많은 혁명 초기 지도자들이 희생되었습니다. 지나친 처형으로 프랑스 사회는 극도로 불안정해지기 시작했죠. 세금을 내야 할 부유층마저 거의 다 처형되면서 국가 재정이 심각한 위기에 빠지기도 했고요.

결국 1794년, 로베스피에르는 테르미도르 반동으로 체포되어 처형되고 맙니다. 이후 자코뱅파의 권력은 급격히 쇠퇴합니다. 로베스피에르가 처형되고 권력을 잡은 온건적인 지롱드파는 새로운 헌법으로 부르주아 계층의 권력을 인정하고 안정적인 정부 운영을 도모했습니다.

그러나 왕당파의 반발이 지속되었죠. 1795년에는 왕당파가 총재 정부를 상대로 반란을 일으켰고요. 방데미에르 13일 쿠데타라고 하는데, 이 쿠데타를 진압한 인물이 다름 아닌 나폴레옹 보나파르트입니다.

총재 정부의 신임을 얻은 나폴레옹은 26세의 젊은 나이에 장군으로 승진하고 이탈리아 원정군 사령관에 임명됩니다. 이후 출전하는 전투마다 승리하며 국가적 영웅으로 우뚝 섰죠.

1798년 이집트 원정까지 마친 후 총재 정부가 국가적 문제를 해결하지 못한 채 신임을 잃어가자 귀국해 브뤼메르 18일 쿠데타를 진압한 후 통령 정부를 수립하고 정권을 잡았습니다.

로베스피에르가 단두대로 적폐를 청산하려 했다면 나폴레옹은 전쟁으로 프랑스의 문제를 해결하려 했습니다. 그는 군사적 천재성을 발휘해 유럽 대륙에서 연이은 승리를 거두며 프랑스를 유럽 대륙의 최강자로 만들었죠.

국민의 지지 속에서 나폴레옹은 1804년 프랑스 제1제국의 황제로 즉위했습니다. 이로써 프랑스혁명 전쟁이 끝나고 나폴레옹 전쟁이 시작된 것입니다.

나폴레옹은 전쟁으로 유럽 대부분의 국가를 정복하며 유럽 전체를 자신의 영향력 아래 뒀지만, 결국 여러 전투에서 패배하면서 그의 제국은 쇠락하고 말았습니다.

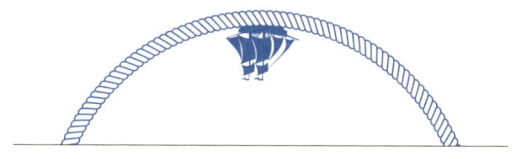

한 군사 천재가 일으킨
정복 전쟁의 유산

루이 16세가 단두대에 오르는 모습을 보고 경악한 유럽의 왕가들은 프랑스대혁명을 저지하고자 대불동맹을 결성합니다. 프랑스대혁명으로 위협받는 기존의 봉건적 질서를 지키려는 시도의 일환이었죠.

특히 프랑스대혁명의 급진적 변화를 두려워한 오스트리아, 프로이센, 영국 등이 동맹을 맺어 프랑스를 군사적으로 압박하기 시작했습니다. 그러나 프랑스대혁명의 지도자들은 외부 압력에 굴하지 않고 프랑스대혁명의 이상을 지키고자 전쟁을 이어갔죠.

나폴레옹은 외부의 위협에 맞서 혁명의 가치를 유럽 대륙에 전파하고자 정복 전쟁을 시작했습니다. 그는 단순히 군사적 승리에 그치는 게 아니라, 봉건적 왕조를 타파하고 프랑스대혁명의 원칙들을 유럽 전역에 확산시키고자 했죠.

나폴레옹의 야망은 단지 프랑스의 확장이 아닌 유럽 대륙 전체에 새로운 질서를 구축하는 것이었습니다.

나폴레옹 전쟁의 시작

1805년, 나폴레옹은 아우스터리츠 전투에서 러시아와 오스트리아 연합군을 상대로 큰 승리를 거둡니다. 나폴레옹의 전술적 천재성을 보여주는 중요한 전투로 평가받고 있죠. 이 승리로 나폴레옹은 유럽 대륙에서 프랑스의 지배력을 확고히 할 수 있었습니다. 아울러 오스트리아와의 협상에서 유리한 위치를 차지할 수 있게 되었고요.

그러나 같은 해 벌어진 트라팔가르 해전에서 프랑스 해군은 영국 해군에게 큰 패배를 당합니다. 영국이 해상 지배권을 확고히 하게 만든 결정적 전투였죠. 이후 나폴레옹은 영국과의 직접적인 해상 전투를 피했습니다.

육군에서의 승리에도 불구하고 해상에서의 패배는 나폴레옹

1805년 12월 2일 아우스터리츠 전투

에게 큰 제약을 가했습니다. 영국의 해군력은 프랑스가 유럽 대륙에서 승리하더라도 영국 본토를 침공하거나 봉쇄하는 걸 어렵게 만들었죠.

이에 나폴레옹은 1806년 영국을 경제적으로 고립시키기 위한 대륙봉쇄령을 발표합니다. 유럽 대륙의 모든 국가에게 영국과의 무역을 금지시키려는 시도였습니다.

나폴레옹은 경제적 제재로 영국을 압박하고 굴복시키려 했지만, 영국은 이미 시민혁명과 산업혁명으로 경제적 힘을 키운 상태였기에 대륙봉쇄령은 큰 효과를 발휘하지 못했습니다.

대륙봉쇄령은 오히려 유럽 대륙 경제에 큰 혼란을 야기했죠.

1805년 10월 21일 트라팔가르 해전

특히 러시아는 영국과의 무역을 지속하고 싶었고, 그 결과 나폴레옹과 갈등이 심화되었습니다.

1811년, 러시아가 영국 선박의 입항을 허용하면서 나폴레옹은 러시아 원정을 결심합니다. 1812년, 나폴레옹은 대군을 이끌고 러시아를 침공합니다. 러시아군은 정면 대결을 피하고 후퇴하면서 모스크바를 포함한 주요 도시들을 불태워 나폴레옹 군대를 곤경에 빠뜨렸죠. 나폴레옹은 혹독한 겨울을 견디지 못하고 후퇴할 수밖에 없었고, 이 원정은 나폴레옹의 군사적 위신에 큰 타격을 입히고 말았습니다. 프랑스군 대부분이 혹한과 기근, 러시아군의 공격으로 소멸했으니까요.

러시아 원정 실패는 나폴레옹의 군사적 전성기가 끝나고 그의 제국이 쇠퇴하는 결정적 전환점이었습니다. 나폴레옹의 러시아 원정이 실패로 돌아가자 유럽의 여러 나라들은 프랑스를 압박하고자 다시 대불동맹을 결성하죠. 그 결과 나폴레옹은 1813년 라이프치히 전투에서 대불동맹군에게 패배함에 따라 프랑스 내에서의 지지마저 약화되고 말았습니다.

나폴레옹 전쟁의 결과

1814년, 나폴레옹은 동맹군의 연합 공격에 밀려 황위를 포기하고 엘바섬으로 유배되었습니다. 대신 부르봉 왕조가 다시 부활하며 루이 18세가 왕위에 올랐죠.

그러나 나폴레옹은 엘바섬에 유배된 지 1년 만에 극적으로 탈출해 프랑스로 돌아왔습니다. 1815년, 그는 파리로 입성해 다시 권력을 장악했죠. 그의 복귀는 유럽의 왕가들을 다시 불안하게 만들었습니다.

유럽의 왕가들은 신속하게 재차 대불동맹을 결성해 나폴레옹에 맞섰습니다. 나폴레옹은 동맹군과 1815년 벨기에의 워털루에서 결전을 벌였으나 패배하고 맙니다. 나폴레옹 제국의 종말을 알리는 사건이었죠.

워털루 전투 이후 나폴레옹은 다시 체포되어 이번에는 더욱 먼 곳인 세인트헬레나섬으로 유배되고 말았습니다. 그는 그곳에서 여생을 보내야 했죠.

나폴레옹은 결국 패배했지만 그의 군사적, 정치적 유산은 지금도 여전히 남아 있습니다. 특히 『나폴레옹 법전』은 오늘날에도 많은 국가의 법체계에 영향을 미치고 있습니다.

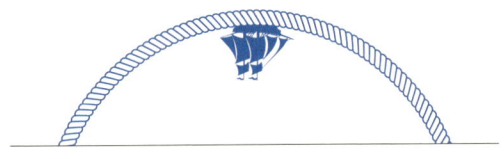

혁명 이전의 구체제로 돌아가자

빈 체제의 수립

나폴레옹 전쟁이 끝난 후, 유럽의 주요 왕조 국가들은 1814년과 1815년에 걸쳐 오스트리아 빈에서 전후 처리를 논의했습니다.

회의의 결과로 '빈 체제'가 수립되었죠. 빈 체제는 프랑스대혁명과 나폴레옹 전쟁으로 혼란에 빠졌던 유럽을 안정시키고, 혁명 이전의 정치 체제로 복귀해 각 왕조의 기득권을 보호하는 걸 목표로 했습니다.

회의를 오스트리아 재상 클레멘스 폰 메테르니히가 주도했기 때문에 '메테르니히 체제'라고도 불립니다. 메테르니히 체제

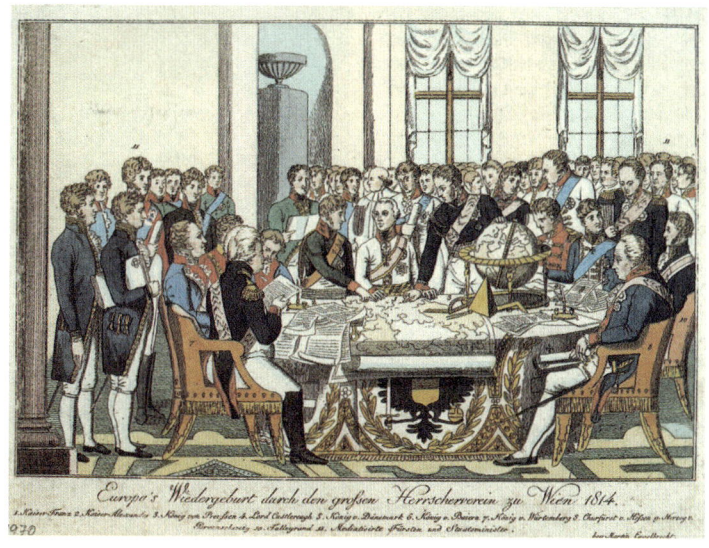

1814년 빈 회의

는 유럽의 왕정 국가들이, 자국 내 민족주의와 자유주의를 억압해 보수적 왕조 질서를 유지하려는 노력이었습니다.

그 결과 프랑스에선 왕정이 복고되어 루이 16세의 동생인 루이 18세가 즉위했습니다. 그는 대혁명의 성과를 인정하며 비교적 온건한 자유주의 정책을 펼쳤으나, 이후 선거에서 왕당파가 의회를 장악하는 걸 두고 볼 수밖에 없었습니다. 급기야 1824년 루이 18세가 사망하면서 왕당파의 중심 인물인 아르투아 백작이 샤를 10세로 즉위하자 사태는 급변했죠.

샤를 10세는 대혁명 기간에 망명했던 귀족들에게 보상금을 지급하는 등 반동적인 정책을 추진했습니다. 또한 왕권신수설을 강화하는 조치를 단행해 대혁명을 경험한 프랑스 국민의 반발을 불러일으켰죠.

1829년 그는 초강경 보수주의자인 쥘 드 폴리냐크를 총리로 임명했고 이에 반발한 의회가 정부 불신임을 결의했지만, 샤를 10세는 의회를 해산하고 새로운 선거를 강행했습니다. 그러나 선거 결과가 불리하게 나오자 그는 다시 의회를 해산했죠. 언론과 선거 제도를 탄압하는 칙령도 발표했고요.

이에 반발한 파리 시민들은 봉기했고 1830년 7월 혁명으로 이어졌습니다.

7월 혁명과 2월 혁명

7월 혁명 때 파리 시민들은 바리케이드를 설치하며 시위를 벌였고 샤를 10세는 해외로 도망쳤습니다. 이후 그의 사촌 오를레앙 공이 루이필리프 1세로 즉위하면서 7월 왕정이 수립되었죠. 그러나 이는 부르주아 계층만을 위한 입헌군주제였습니다. 노동자와 중산층의 정치적 요구를 충분히 반영하지 못했죠.

즉위 초기에는 부르주아 계층의 기대를 받았지만, 시간이 흐르면서 루이필리프 1세는 귀족 중심의 정치를 펼치며 사회적 불만을 키웠습니다. 자신이 귀족 출신이었기 때문이죠.

특히 1842년 자유주의 성향을 가진 루이필리프 1세의 아들 오를레앙 공이 사망하면서 후계 구도에 대한 불안이 커졌습니다. 전제주의자가 즉위할 가능성이 있기 때문이었죠. 이에 보통선거를 요구하는 움직임이 확산되기 시작합니다.

정부의 탄압에도 불구하고 1848년 2월 혁명이 일어났습니다. 노동자와 학생들이 거리로 나섰죠. 루이필리프 1세는 손자에게 왕위를 넘기려 했으나 실패하고 결국 영국으로 망명해야 했습니다.

이후 프랑스는 임시정부를 구성하며 제2공화정을 출범시켰습니다. 1848년 4월 제헌의회 선거에서 온건 공화파가 대거 당선되었고 보통선거를 포함한 새로운 헌법이 제정되었고요.

그동안 선거권이 없었던 프랑스 남성들이 선거인단에 대거 포함되었습니다. 그리고 12월 치러진 대통령 선거에서 그들은 나폴레옹의 조카 루이나폴레옹 보나파르트를 선택했죠. 나폴레옹의 향수를 찾던 프랑스 남성들의 선택이었습니다. 그렇게 프랑스에서 제2공화정이 시작됩니다.

그러나 헌법상 대통령의 임기가 4년 단임으로 제한되었기 때문에 루이나폴레옹은 1851년 친위 쿠데타를 감행합니다. 그를 대통령으로 만든 국민 대다수는 친위 쿠데타를 지켜볼 수밖에 없었습니다. 국민의 지지를 등에 업고 개헌을 단행한 그는 1852년 국민투표를 거쳐 황제 나폴레옹 3세로 즉위하며 프랑스 제2제정을 수립하기에 이릅니다.

제정 초기 나폴레옹 3세는 크림 전쟁에서 승리했습니다. 이탈리아 독립 전쟁에선 샤르데냐 왕국을 지원해 오스트리아를 이탈리아에서 몰아내는 등 외교적으로 성공을 거뒀고요.

그러나 시간이 지나면서 경제 정책에서 실패를 거듭합니다. 아울러 멕시코 원정에서 먼로 독트린을 내세운 미국의 반대와 멕시코 민중의 강력한 저항으로 프랑스군은 결국 철수하고 말았죠. 이에 국내 여론은 악화될 수밖에 없었습니다.

1863년 선거에서 공화파가 대거 의회에 진출하면서 나폴레옹 3세의 입지는 더욱 약화됩니다. 이때가 프랑스를 공격할 적기라고 판단한 프로이센의 오토 폰 비스마르크는 외교적 도발을 감행했고, 1870년 보불 전쟁이 발발하고 말죠.

프랑스군은 대패를 면치 못했습니다. 급기야 나폴레옹 3세는 스당 전투에서 포로로 붙잡히고 말았죠. 그렇게 제2제정은 붕괴했고 프랑스는 공화정을 선포하며 제3공화국이 시작됩니다.

이후 프랑스는 독일과의 전쟁에서 패배해 1871년 알자스-

로렌 지방을 독일에 할양하고 막대한 전쟁 배상금을 지불해야 했습니다. 이에 반발한 파리 시민들은 자치 정부인 파리 코뮌을 수립했지만 독일의 지원을 받은 정부군의 진압으로 실패하고 말았죠. 프랑스 정부는 행정과 군사 개혁으로 전쟁 배상금을 조기 상환하고 독일군을 프랑스에서 철수시켜야 했습니다. 프랑스 제3공화국은 제2차 세계대전까지 유지되었습니다.

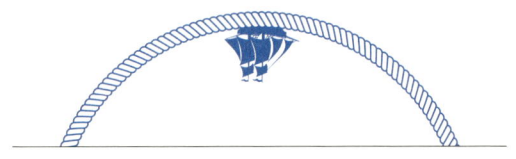

독일과 이탈리아가
통일을 이룩하기까지

빈 체제는 프랑스뿐만 아니라 다른 유럽 국가들의 영토도 프랑스대혁명 이전으로 돌려놓았습니다.

오스트리아는 독일 지역에서 나폴레옹에게 해체된 신성 로마 제국 내 소국들을 모아 독일 연방을 구성합니다. 독일 연방은 오스트리아의 주도 아래 이뤄진 느슨한 연합체로, 각 소국들이 독립성을 유지하면서도 오스트리아의 영향력 아래 놓였죠.

오스트리아는 독일 연방으로 독일 지역에서의 기득권을 유지하고, 민족주의와 자유주의 운동을 억압하며 권위를 강화하려 했습니다. 그러나 독일 내 여러 소국들의 반감을 샀고, 점차 연방 내 소국들은 오스트리아를 외면했죠.

독일 통일의 주도권이 신흥 강국인 프로이센에게 넘어갔고, 프로이센은 강력한 군사력과 경제력을 바탕으로 통일을 추진했지만 그 과정에서 오스트리아와의 갈등이 고조되었습니다.

프로이센의 독일 통일

독일 통일을 위한 중요한 경제적 기반은 관세동맹이었습니다. 1819년 경제학자 프리드리히 리스트는 독일 지역의 경제 통합을 주장했는데, 그는 관세 장벽을 없애야 통일 독일을 이룰 수 있다고 봤죠.

당시 오스트리아의 총리였던 메테르니히는 이를 위험한 선동으로 간주하고 리스트를 탄압했습니다. 반면 프로이센은 리스트의 주장을 받아들였죠. 1834년 몇몇 독일 연방 국가들이 프로이센에 합세해 독일 관세동맹을 결성했습니다. 관세가 사라지면서 독일 지역의 경제가 성장할 수 있었고요.

1848년 프랑스 2월 혁명의 영향을 받아 오스트리아에선 3월 혁명이 일어납니다. 독일 지역에서도 자유주의자들과 민족주의자들의 봉기가 일어났고 프랑크푸르트 국민회의가 소집되어 독일 통일 방식에 대한 논의가 이뤄졌죠. 회의는 오스트리아를 포함하는 '대독일주의'와 오스트리아를 제외한 '소독일주의' 중 어느 방안을 선택할 것인가가 주요 쟁점이었습니다.

결국 소독일주의가 채택되었습니다. 그러나 프로이센 국왕 프리드리히 빌헬름 4세가 거부하면서 통일은 무산되고 말죠. 이 회의는 훗날 프로이센 중심의 독일 통일을 이루는 데 중요한 기반으로 작용합니다.

한편 1853년부터 1856년까지 이어진 크림 전쟁은 오스트리아와 프로이센의 관계를 악화시키는 계기가 되었습니다. 오스트리아는 이 전쟁에서 러시아에 대해 애매한 태도를 취하며 신성 동맹(러시아·오스트리아·프로이센의 동맹)을 사실상 깨뜨렸고, 그 결과 외교적으로 고립되고 말았습니다. 그때 프로이센은 이미 관세동맹으로 독일 북부 지역을 장악한 반면, 오스트리아는 독일 내에서도 입지가 약화되었죠.

1861년 즉위한 프로이센의 빌헬름 1세는 총리로 오토 폰 비스마르크를 임명합니다. 비스마르크는 철혈정책을 내세우며 군사력과 외교 전략을 활용해 독일 통일을 추진하기 시작하죠.

1866년, 프로이센-오스트리아 전쟁(보오 전쟁)이 발발했습니다. 프로이센은 오스트리아를 물리치고 북독일 연방을 결성했고, 독일 북부의 여러 소국들이 하나로 묶이며 독일 통일의 초석이 되었죠.

1871년 1월 8일 베르사유 궁전에서의 독일 제국 선포식

비스마르크는 독일 통일을 완성하고자 마지막 장애물인 프랑스와 전쟁을 계획했고 1870년 프로이센-프랑스 전쟁(보불 전쟁)이 발발합니다. 프로이센은 프랑스 제2제국을 격파하고 독일 통일을 이루는 결정적인 계기를 마련할 수 있었죠.

1871년 1월 18일, 베르사유 궁전에서 독일 제국이 선포되고 빌헬름 1세가 독일 황제로 즉위합니다. 이로써 독일 통일이 완성되었죠. 유럽에서 영국·프랑스와 견줄 수 있는 새로운 강대국이 탄생한 것입니다.

이탈리아 통일과 왕국 수립

빈 체제는 이탈리아에 두 가지 중요한 영향을 끼쳤습니다. 첫 번째는 프랑스로부터 사보이 왕국을 독립시켜 프랑스의 이탈리아 침략을 막는 완충국 역할을 하도록 한 점입니다. 두 번째는 롬바르디아, 베네치아, 파르마, 모데나, 토스카나를 오스트리아에게 넘겨 이탈리아반도를 지키는 책임을 부과했다는 점입니다.

이탈리아 통일은 빈 체제에 대해 자유주의자들과 민족주의자들이 투쟁한 역사로 '리소르지멘토'라고 합니다.

1814년 조직된 카르보나리와 같은 비밀 결사조직은 오스트리아와 그에 복종하고 있는 왕국들을 공격하며 이탈리아의 통일을 주장합니다. 그들은 이탈리아도 큰 국가를 만들어 다른 강대국을 상대해야 한다고 생각했고 프랑스대혁명의 영향을 받아 입헌군주제나 공화정을 추구했죠.

그 결과 1821년 샤르데냐 왕국에서 입헌군주제 도입을 요구하는 혁명이 일어났습니다. 혁명은 오스트리아의 군사 개입으로 실패했지만, 10년 후인 1830년에 프랑스 7월 혁명의 영향으로 이탈리아에서 민족주의 운동이 다시 시작되었습니다. 청년이탈리아당이 조직되었지만 또다시 실패로 끝났고 말았죠.

1847년 마침내 빈 체제가 허물어지는 결정적 사건이 일어납니다. 스위스 통일 전쟁에서 자유주의 개신교 연합주가 보수적인 가톨릭 연합주를 누르고 승리한 것이었습니다. 빈 조약에 따르면 서양 열강들은 스위스 헌법을 수호해야 했지만 막지 못했죠.

그 영향으로 1848년 이탈리아반도에서도 다시 혁명이 시작되었습니다. 양시칠리아 왕국에서 봉기가 일어났고 이탈리아 전역으로 확산되었죠. 양시칠리아 왕국의 페르디난도 2세는 결국 입헌군주제를 승인해야 했습니다.

같은 해 프랑스 2월 혁명과 오스트리아 3월 혁명이 일어나면서 혁명의 불길은 더욱 거세집니다. 사르데냐-오스트리아 전쟁, 곧 제1차 이탈리아 독립 전쟁이 발발했는데 사르데냐 왕국의 패배로 끝나고 말았습니다.

사르데냐 왕국의 카를로 알베르토는 위기에 처합니다. 그는 아들 비토리오 에마누엘레 2세에게 왕위를 넘겨야 했고, 양시칠리아 왕국은 승인했던 헌법을 철회하는 등 구질서 회복을 위한 조치들이 취해졌습니다.

전쟁 패배 이후 사르데냐의 총리 카밀로 카보우르는 우선 강력한 사르데냐 왕국을 만드는 게 통일보다 중요하다고 생각했습니다. 하여 1853년 크림 전쟁에 프랑스·영국 편으로 참전해 국제적 입지를 강화하고자 했죠.

전쟁이 러시아의 패배로 끝나자 카보우르는 프랑스와의 동맹을 활용해 오스트리아와 전쟁을 준비합니다. 프랑스의 나폴레옹 3세와 밀약을 맺고 오스트리아를 공격하도록 유도하죠.

1859년 사르데냐-오스트리아 전쟁, 곧 제2차 이탈리아 독립 전쟁이 발발합니다. 전쟁 결과 사르데냐-프랑스 연합군이 오스트리아를 격파하죠. 그렇게 사르데냐는 롬바르디아를 획득하고 이탈리아 중부의 여러 공국들도 합병하면서 이탈리아 통일의 기반을 마련할 수 있었습니다.

한편 1860년 시칠리아에서 농민 봉기가 발생하자, 사르데냐의 주세페 가리발디 장군은 봉기를 혁명으로 전환하고자 원정대를 이끌고 시칠리아로 향합니다. 가리발디와 그의 붉은 셔츠단은 가는 곳마다 비토리오 에마누엘레 2세를 이탈리아의 왕이라 선언하며 양시칠리아 왕국을 점령했습니다.

1860년 테아노에서 가리발디와 에마누엘레 2세가 만났고, 가리발디는 자신이 확보한 영역을 에마누엘레 2세에게 넘기죠. 이를 '테아노의 악수'라고 합니다.

이듬해 에마누엘레 2세는 이탈리아 왕국 수립을 선포했고, 이탈리아에서 빈 체제는 무너졌습니다.

1866년 보오 전쟁에서 오스트리아가 패배함에 따라 이탈리아 왕국은 베네치아를 회복할 수 있었고, 1870년 프로이센-프

1861년 이탈리아 왕국 선포식

랑스 전쟁에서 프랑스가 패배함에 따라 로마를 수비하던 프랑스군이 철수해 로마를 병합할 수 있었습니다. 1871년, 이탈리아 왕국은 로마를 수도로 공식 선포하며 이탈리아의 통일을 완성합니다.

그러나 통일 과정에서 바티칸 시국과의 관계는 해결되지 않았습니다. 이탈리아 정부는 교황의 안전을 보호하고 각종 특권을 보장한다며 교황을 설득했으나 교황 비오 9세는 이탈리아 정부를 인정하지 않았습니다. 이후 교황은 '바티칸의 포로'로 60여 년을 보내야 했죠.

이 문제는 1929년, 이탈리아의 파시스트 지도자 베니토 무솔리니와 교황 비오 11세 사이에 체결한 라테라노 조약으로 해결되는데요. 바티칸 시국이 독립 국가로 인정되는 대신 교황청도 공식적으로 이탈리아 왕국을 승인했습니다.

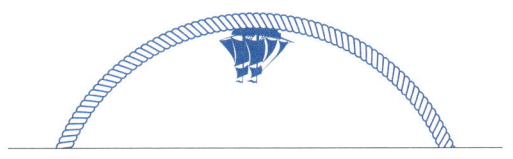

미국 역사의 가장 중요한 전환점이 되는 전쟁

1861년부터 1865년까지 미국에서 남북전쟁이 계속되었습니다. 전쟁의 주된 이유는 노예제도 철폐를 중심으로 하는 정치, 경제 갈등이었죠.

미국 독립혁명 이후, 자유와 평등이라는 이상을 추구하던 북부에서 노예제 폐지에 대한 요구가 점차 커져갔습니다. 그 결과 북부 여러 주에서 노예제를 철폐했죠. 이후 변화는 미국 전체로 확산되기 시작했습니다.

반면 남부는 경제적으로 노예제에 크게 의존하고 있었기 때문에 노예제 폐지를 강하게 반대했습니다. 노예제는 미국 남부의 경제 구조에서 핵심적인 역할을 했으니까요. 남부는 따뜻한 기후와 비옥한 토양 덕분에 대규모 농업, 특히 목화 플랜테이션이 발달했습니다.

19세기 산업혁명으로 목화 수요가 급증하면서 남부의 농장주들은 엄청난 부를 축적할 수 있었죠. 하지만 농업 경제는 막대한 노동력을 필요로 했습니다.

그 노동력을 대부분 흑인 노예들이 제공했는데, 인간의 권리를 박탈당한 채 가혹한 조건에서 일했죠. 다름 아닌 그런 노예들의 노동이 남부 경제의 근간을 이루고 있었고요.

한편 북부는 경제적으로 매우 다른 상황에 놓여 있었습니다. 북부는 기후와 토양이 농업에 적합하지 않아 산업혁명 이후 공업화가 급속히 진행되었고 제조업과 상업 중심지로 발전하면서 대규모 노동력이 필요했죠. 그렇게 이민자들이 북부로 몰려들었습니다.

공장에서 일하는 자유 노동자들은 북부 경제의 중요한 부분을 차지했습니다. 그들은 노예제 폐지를 지지하는 경향이 강했는데요. 노예들이 자유를 얻고 공장에서 일할 수 있다면, 북부의 공업이 더 큰 발전을 이룰 수 있을 거라는 기대도 있었습니다.

이와 같은 경제적, 사회적 차이는 정치적 갈등으로 이어졌습니다. 북부는 노예제 폐지를 지지하면서 노예제에 반대하는 자유주들이 연방 내에서 점점 더 큰 힘을 발휘했습니다. 반면 남부는 노예제를 유지하려는 노예주들로 구성되었고요. 그들은 경제적, 사회적 기득권을 지키고자 강하게 반발했죠.

연방정부는 노예제 문제를 개별 주의 선택에 맡기면서 균형을 유지하려 했지만 시간이 지나면서 균형이 무너지기 시작했습니다.

남북전쟁이 발발하다

1820년의 미주리 타협과 1854년의 캔자스-네브래스카 법은 남북 간의 갈등을 더욱 격화시켰습니다.

미주리 타협은 미주리주가 노예주로, 메인주가 자유주로 편입되는 걸 허용함으로써 일시적으로나마 북부와 남부의 균형을 유지할 수 있었습니다.

그러나 1854년 캔자스-네브래스카 법은 각 주가 노예제 문제를 스스로 결정할 수 있도록 허용했습니다. 캔자스에서 '피의 캔자스' 사태가 일어나는 걸 부추기는 꼴이었죠.

피의 캔자스 사태는 캔자스-네브래스카 법 통과 후 노예제 찬성파와 반대파가 캔자스 지역으로 몰려들어 각자 선거에 승리하려는 이기적인 시도를 이어가면서 발생한 유혈 사태입니다.

피의 캔자스 사태는 미국 내 노예제 문제에 대한 긴장을 고조시켰습니다. 남북 간의 전쟁 가능성이 높아졌죠.

1860년, 에이브러햄 링컨이 대통령에 당선되면서 갈등은 폭발했습니다. 링컨은 노예제 폐지를 지지하는 공화당 후보였는데, 남부에서 그의 당선은 노예제 종말을 의미하는 것으로 받아들여졌습니다.

링컨은 취임 초기에는 노예제를 즉각 폐지하기보다 연방을 지키는 데 주력하겠다고 밝혔으나 남부의 불안감은 가라앉지 않았죠.

링컨이 취임식을 치르기 전, 남부의 일곱 개 주가 연방에서 탈퇴해 아메리카 연합국을 설립해버렸습니다. 미국은 남북으로 분열되었고 내전의 불씨가 타오르기 시작했죠.

1861년, 남부 연합군이 사우스캐롤라이나주 찰스턴항에 있는 섬터 요새를 공격하면서 남북전쟁이 공식적으로 시작되었습니다. 전쟁은 1861년부터 1865년까지 이어졌는데요, 미국 역사상 가장 치열한 내전이자 가장 많은 인명 피해를 초래한 전쟁 중 하나였습니다.

전력 면에선 북부가 남부를 훨씬 압도했습니다. 북부는 남부보다 인구가 두 배나 많았고, 공업이 발달해 군사 장비와 물자를 충분히 공급할 수 있었죠. 반면 남부는 농업 경제에 의존했기 때문에 인구와 자원이 북부에 비해 현저히 부족했습니다.

하지만 전쟁 초기, 남부는 예상 밖의 선전을 펼쳤습니다. 남부군은 자신들의 생명과 가정을 보호하고자 싸운다는 명확한 목표를 가지고 있었기 때문에 강한 결속력을 발휘한 반면, 북부군은 '연방체제 유지'라는 추상적인 목표를 위해 싸웠기에 전쟁이 생각만큼 빨리 끝나지 않았죠.

남부의 저항은 전쟁을 장기전으로 이끌었습니다. 전력 차이가 컸음에도 불구하고 전쟁이 1861년부터 1865년까지 무려 4년 이상 이어진 주요 이유입니다.

남북전쟁은 수많은 전투와 희생을 동반했습니다. 전쟁 기간 동안 양측은 230회 이상의 전투를 벌였는데, 게티즈버그 전투와 같은 대규모 전투에선 수많은 병사가 목숨을 잃었습니다.

링컨은 전쟁 중반인 1863년, 노예 해방 선언으로 전쟁의 목적을 '연방 통합'에서 '노예제 폐지'로 확대했습니다. 북부군에게 도덕적 정당성을 부여하는 동시에, 유럽 국가들이 남부를 지원하지 못하도록 막는 전략적 조치였죠.

결국 전력 차이가 전쟁 결과를 결정지었습니다. 1865년, 남부군 주요 지휘관이었던 로버트 리 장군이 버지니아주 애포매톡스에서 북부군에게 항복하면서 전쟁은 북부의 승리로 끝났습니다.

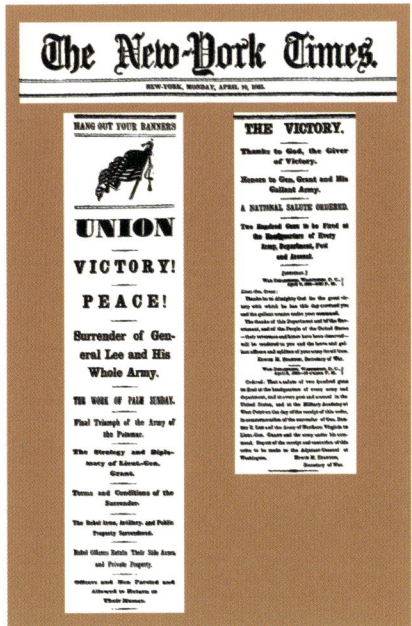

북부의 승리를 보도하는
1865년 4월 10일자 <뉴욕타임즈> 1면

 이로써 남부 연합국은 해체되었고 미국은 다시 통합되었죠. 남북전쟁의 결과로 노예제는 폐지되었고, 미국은 법적으로 모든 시민이 평등한 권리를 가진 국가로 나아가는 첫걸음을 내딛었습니다.

남북전쟁이 남긴 것들

남북전쟁은 미국 사회에 깊은 상처를 남겼습니다. 수백만 명이 죽거나 부상을 입었고, 남부의 경제와 사회 구조는 전쟁 후 오랜 기간에 걸쳐 재건되어야 했습니다. 그와 동시에 남부는 덮쳐 오는 정치적, 경제적 변화에 적응해야 했죠.

남부 백인들과 해방된 흑인들 간의 갈등을 촉발시키기는 원인이 되기도 했습니다. 흑인들은 법적으로 자유를 얻었지만 권리는 오랫동안 제한되었고 사회적, 경제적 차별은 여전히 남아 있었습니다.

한편 남북전쟁은 미국의 군사적 역량을 크게 강화하는 계기가 되었습니다. 전쟁 동안 축적된 군사 기술과 전략은 이후 미국이 세계 무대에서 강대국으로 성장하는 데 중요한 역할을 했죠. 전쟁 후 미국은 북부의 공업화된 경제를 바탕으로 빠르게 발전했으니, 그 결과 20세기에 세계에서 가장 강력한 경제 및 군사 강국으로 자리 잡을 수 있었습니다.

남북전쟁은 미국사에서 가장 중요한 전환점 중 하나로, 미국이 오늘날의 모습을 갖추는 데 결정적 영향을 끼쳤습니다.

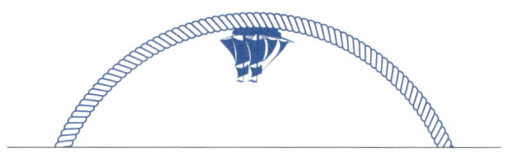

당면한 문제들은
철과 피로만 해결할 수 있다

독일은 19세기 초중반부터 이미 통일을 위한 노력을 기울였으나, 1871년에 이르러서야 비로소 통일을 달성할 수 있었습니다. 국내의 어려움뿐만 아니라 국제의 정치 상황이 복합적으로 작용한 결과였죠.

특히 영국과 프랑스는 독일 통일이 자국의 이익에 반하는 것으로 판단하고 저지하려 했습니다. 독일이 통일되면 유럽의 세력 균형이 무너져 영국과 프랑스의 패권에 위협이 될 게 분명했기 때문이죠.

이토록 불리한 국제적 조건 속에서 프로이센은 뛰어난 외교 전략가인 비스마르크의 지도 아래 통일을 추진했습니다.

비스마르크는 1815년 흔한 지방 귀족 출신을 통칭하던 융커 집안에서 태어났습니다. 대학을 졸업하고 공무원으로 일하다가 1851년 독일 연방의회에서 프로이센 공사 신분으로 약 10년간 일했고요.

이 시기의 경험으로 그는 독일 통일의 방법론으로 하나의 거대한 세력이 무력으로 각 연방을 이끄는 것밖에 없다고 생각했습니다. 『전쟁론』의 저자 카를 폰 클라우제비츠의 관점에 동의한 것이었죠. 그리고 그 중심 세력은 프로이센이 되어야 한다고 생각했습니다.

처음에 연방 군주들은 자신들의 기득권이 사라질 걸 두려워해 비스마르크에 반대했습니다. 프로이센 내에서도 그를 무척 위험한 인물로 평가했죠.

하지만 그 과정에서 비스마르크는 새롭게 즉위한 황제 빌헬름 1세에게 깊은 인상을 줬고 빌헬름 1세는 비스마르크를 발탁해 총리로 임명합니다. 그가 취임 이후 가장 중점을 둔 건 국내에선 의회 설득이었고 국외에선 유럽 열강의 중립을 지키게 하는 외교였죠.

비스마르크는 1863년 폴란드 봉기를 진압하는 러시아를 지지하며 프로이센과 러시아 사이의 관계를 공고히 했습니다. 이후 러시아는 독일 통일 과정에서 중립적 입장을 취했죠.

또한 비스마르크는 프랑스 나폴레옹 3세와의 복잡한 외교 게임에서도 뛰어난 능력을 발휘했습니다. 비스마르크는 룩셈부르크를 프랑스에 넘겨주겠다는 구두 약속으로 프랑스의 중립을 일시적으로나마 확보할 수 있었죠.

일련의 외교적 성과는 프로이센이 1866년 오스트리아와의 보오 전쟁에서 승리할 수 있는 기반을 마련해줬습니다. 보오 전쟁 승리는 독일 통일의 길을 여는 중요한 전환점이었죠.

비스마르크의 독일 통일

보오 전쟁의 승리 후, 빌헬름 1세는 오스트리아 수도 빈까지의 진격을 고려했습니다. 그러나 비스마르크는 상황을 냉정하게 분석한 후 프로이센이 오스트리아의 수도까지 점령한다면 세력 균형이 무너져 프랑스, 영국, 러시아가 전쟁에 개입할 가능성이 높다고 판단합니다. 그야말로 독일 통일에 방해가 될 수 있는 큰 위협이었죠.

비스마르크는 오스트리아에 대한 관대한 태도를 유지하기로 결정합니다. 오스트리아를 완전히 굴복시키기보다 이후 프랑스와 있을 불가피한 충돌에서 오스트리아와 남부 독일 국가들의 지지를 얻고자 그들을 유화하는 전략을 취한 것이죠. 비스마르크의 외교적 판단과 전략 덕분에 프로이센은 유럽 열강의 간섭 없이 통일을 향해 나아갈 수 있었습니다.

1870년, 프로이센은 보불 전쟁에서 승리했고 곧 1871년 독일 제국의 선포로 이어집니다. 프랑스 베르사유 궁전에서의 독일 제국 선포는 통일 독일이 유럽의 강대국으로 부상했음을 알리는 신호탄이었습니다.

독일 통일을 달성한 후, 비스마르크는 더 이상의 영토 확장이나 군사적 모험을 추구하지 않고 경제적, 사회적 안정에 주력하죠. 비스마르크는 프로이센이 독일 제국의 중심에 서서 국가를 안정시키는 게 중요하다고 판단했습니다. 이를 위해 경제 법령을 정비하고 철도, 광산, 철강, 전기 등의 중공업을 촉진하는 정책을 추진한 것입니다.

상기의 경제 발전 정책 덕분에 독일은 19세기 후반 급속한 산업화를 이룰 수 있었고 나아가 산업혁명의 선두 주자로서 위치를 확립할 수 있었습니다.

비스마르크의 그림자

비스마르크의 성공적 외교와 경제 정책에도 불구하고, 그의 정책에는 몇 가지 중대한 과오가 있었습니다.

먼저 독일 통일 과정에서 과도한 군사 정책을 사용했고, 그 결과 독일이 국제적으로 고립되는 결과를 초래했습니다. 보불전쟁 승리는 독일 통일을 이루는 데 중요한 역할을 했지만 프랑스에 대한 과도한 굴복 요구는 복수심을 불러일으켰죠. 이는 제1차 세계대전의 원인 중 하나로 작용했습니다.

또한 비스마르크는 국내적으로 사회적 불안을 해소하지 못했습니다. 그는 사회주의 운동을 탄압하고 노동자 계층의 요구를 무시했고, 곧 독일 내부의 사회적 긴장을 증대시키는 요인으로 작용했죠.

비스마르크는 사회주의자들을 억압하는 법률을 제정했는데, 오히려 사회주의 운동을 더욱 강하게 만드는 결과를 초래하고 말았습니다.

사회적 갈등을 진정시키고자 도입한 사회보장제도는 비스마르크의 긍정적인 유산이지만, 초기 대응은 불필요한 긴장을 불러일으켰죠.

비스마르크가 떠난 이후, 독일은 더욱 적극적인 외교 정책을

오토 폰 비스마르크 해임 풍자화

추진하기 시작했습니다. 베를린, 비잔티움(이스탄불), 바그다드를 잇는 이른바 '3B 정책'을 발표하며 중동으로의 팽창을 꾀했죠.

하지만 동일한 지역으로 확장하려는 영국과 러시아를 자극하며 유럽 내 긴장을 고조시켰습니다. 특히 오스트리아는 범게르만주의를 바탕으로 발칸반도에서 러시아와 대립했고 러시아는 프랑스와 동맹을 맺으며 독일과 오스트리아에 대항하는 진영을 형성했죠.

이처럼 독일과 오스트리아 대 러시아와 프랑스 간의 양대 진영이 구축되면서, 유럽은 불안정한 상황으로 빠져들었습니다.

당시 영국은 '화려한 고립'이라는 외교정책을 표방하며 유럽 대륙의 문제에 최소한으로 개입하려 했으나 독일의 급격한 성장과 팽창으로 더 이상 가만히 있을 수 없었습니다. 결국 영국은 러시아와 프랑스의 편에 가담했고, 그 결과 제1차 세계대전이라는 대규모 충돌이 일어났습니다.

비스마르크는 독일을 통일했다는 큰 업적이 있으나, 그 과정에서 그가 야기한 과도한 군사주의나 사회적 갈등 증대는 장기적으로 독일 제국이 고립되는 결과로 이어지고 말았죠.

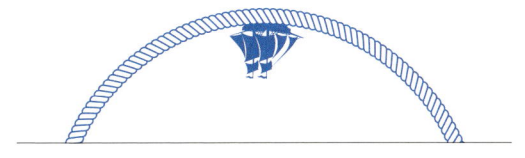

20세기는 제1차 세계대전으로 시작되었다

제1차 세계대전의 직접적 원인이 된 사건은 사라예보 사건입니다. 세르비아의 청년 가브릴로 프린치프가 자국이 오스트리아에 합병된 것에 대한 반발로 오스트리아 황태자 부부를 총으로 쏘아 죽인 사건입니다.

프린치프는 보스니아 출신 세르비아인으로 오스트리아-헝가리 제국의 보스니아 합병에 반발해 범슬라브주의를 주장하는 세르비아 민족주의 단체인 흑수단의 일원으로 활동하고 있었습니다. 그는 오스트리아의 지배에 저항하고 세르비아를 포함한 모든 슬라브 민족들이 하나로 통합되길 바랐죠.

사건 자체로는 별것 아닌 것처럼 보일 수 있지만 당시 유럽의 복잡한 동맹 관계와 긴장된 정치 상황에서 제1차 세계대전의 도화선으로 작용했습니다.

당시 유럽은 오스트리아가 헝가리와 이중 제국을 형성하며 옛 합스부르크 왕가의 영광을 재현하려는 시도에 한창이었습니다. 오스트리아-헝가리 제국은 다민족 국가로 슬라브 민족들의 자치와 독립 요구 때문에 많은 어려움을 겪고 있었죠.

이 상황에서 제국의 존립을 위협하는 세력으로 프랑스와 러시아가 있었습니다. 독일 제국은 오스트리아-헝가리 제국을 지원하는 한편 오스트리아-헝가리 제국 및 이탈리아와 함께 삼국 동맹을 맺고 있었고요. 유럽 대륙에서 프랑스와 러시아의 팽창을 견제하기 위한 것이었죠.

한편 프랑스는 독일 제국의 군사적 팽창을 견제하고자 영국, 러시아와 삼국협상을 맺고 있었습니다.

특히 러시아는 범슬라브주의를 내세워 동유럽과 발칸반도에 대한 영향력을 확대하고자 했죠. 하여 슬라브 민족들의 보호자로서 세르비아 같은 국가들을 지원하며 오스트리아-헝가리 제국에 맞서고자 했습니다.

이러한 긴장된 국제 정세 속에서 사라예보 사건은 오스트리아-헝가리 제국이 세르비아에 대한 강력한 조치를 취할 명분을 제공했습니다.

1914년 6월 29일 사라예보 반세르비아 폭동의 여파로 거리에 모여든 군중

사라예보 사건 이후, 오스트리아-헝가리 제국은 이 사건을 세르비아 정부의 음모로 간주하고 세르비아에 엄청난 요구를 담은 최후통첩을 보냅니다. 세르비아는 대부분의 요구를 수용했고요. 그러나 오스트리아-헝가리 제국의 수사관이 세르비아 내에서 직접 조사를 수행하는 건 거부했습니다.

제1차 세계대전의 시작과 끝

오스트리아-헝가리 제국은 1914년 7월 28일 세르비아에 선전포고하며 이 사건을 범슬라브주의자들의 소행으로 보고 세르비아를 처벌하고자 했습니다.

러시아는 범슬라브주의의 수호자 역할을 자임하며 오스트리아-헝가리 제국의 행동을 강력히 비난했죠. 뿐만 아니라 세르비아를 지지하고자 군대 동원령을 내립니다.

이에 범게르만주의를 표방하는 독일 제국이 러시아에게 동원령을 철회하라고 요구했지만 러시아는 요구를 거부했죠. 독일은 1914년 8월 1일 러시아에게 선전포고를 합니다.

이후 독일은 프랑스에게 중립 유지와 군사 요새를 제공하라고 요구했지만, 프랑스가 거부하자 독일은 8월 3일 프랑스에게도 선전포고를 합니다.

독일은 프랑스를 신속히 공격하고자 벨기에와 룩셈부르크를 통과하는 계획을 세웠고 벨기에의 중립이 침해되었죠. 영국은 중립국 벨기에를 침략한 독일의 행동을 비난하며 8월 4일 독일에 선전포고를 합니다.

전쟁이 확대되면서 오스만 제국은 독일 편에 가담해 동맹국으로서 참전한 반면 이탈리아는 삼국동맹의 일원이었음에도 불구하고 중립을 지키다가 1915년에 연합국 측에 가담합니다. 이외에도 불가리아, 마케도니아, 루마니아, 그리스 등 유럽의 소국들도 각자의 이해관계에 따라 참전하죠.

한편 유럽 밖에선 오스만 제국의 지배하에 있던 아랍인들이 해방을 조건으로 영국의 지원을 받아 연합군 측에 가담합니다. 특히 아랍의 지도자 후세인 이븐 알리는 영국과 맺은 맥마흔-후세인 서한으로 아랍 독립을 약속받고 오스만 제국에 반기를 들었죠.

인도인들도 영국이 전후 독립을 약속하리라는 기대 아래 영국을 도왔습니다. 그러나 전쟁 후 영국은 아랍인과 인도인에게 약속한 독립을 지키지 않았고, 훗날 중동과 인도에서 반영 운동으로 이어졌습니다.

미국은 초기에는 중립을 유지했습니다. 그러나 독일의 무제한 잠수함 작전과 치머만 전보 사건 등이 계기가 되어 참전하죠. 독일은 1917년 미국이 참전할 가능성에 대비해 치머만 전보로 멕시코와 동맹을 제안했습니다. 그러나 정보가 영국에 의해 폭로되자 미국 내 여론이 급변합니다. 결국 1917년 4월 6일, 우드로 윌슨 대통령이 독일에 선전포고하며 미국은 연합군 측으로 참전했던 거죠.

미국의 참전은 전세에 결정적 변화를 가져왔습니다. 독일의 동맹국들 중 패배하거나 항복하는 숫자가 늘어났죠. 불가리아, 오스만 제국, 오스트리아-헝가리 제국이 차례로 항복한 가운데, 1918년 11월 독일 북부 킬 항구에서 해군 반란이 일어납니다. 반란은 독일 전역으로 확산되었고 노동자와 군인들이 봉기를 일으키니, 결국 독일 제국의 황제 빌헬름 2세는 퇴위하고 말았습니다.

독일은 공화정으로 전환되어 이른바 바이마르 공화국이 선포되었죠. 1918년 11월 11일, 독일이 연합국과 콩피에뉴 휴전 협정을 체결하며 제1차 세계대전은 종료되었습니다.

전쟁이 끝난 후, 1919년 파리에서 강화회의가 열렸습니다. 승전국들이 독일과 평화조약을 체결하고자 모였으나 각국은 서로 다른 이해관계를 갖고 있었죠.

프랑스는 전쟁에서 가장 큰 피해를 입은 국가로서 독일에게 천문학적인 배상금을 요구합니다. 프랑스 지도자 조르주 클레망소는 독일이 다신 전쟁을 일으킬 수 없도록 경제적으로 압박하고 프랑스의 국경을 안전하게 만드는 걸 최우선으로 삼았죠. 그는 독일을 철저히 약화시키고자 영토를 분할하고 산업 지역을 프랑스가 차지하려 했습니다.

영국은 프랑스가 과도한 영향력을 행사하는 걸 경계했죠. 독일을 완전히 무너뜨리는 것보다 독일을 경제적으로 회복시

1919년 6월 28일 베르사유 궁전 거울의 방에서 체결한
베르사유 조약

켜 경제적 이익을 추구한 것입니다. 영국의 총리 데이비드 로이드 조지는 독일을 과도하게 처벌하면 유럽 전체가 불안정해지고 결국 영국 경제에도 악영향을 미칠 거라는 판단하에, 독일을 너무 약화시키지 않으면서도 유럽에서 힘의 균형을 유지하려는 전략을 선호했습니다.

    미국의 입장은 영국 및 프랑스와 또 달랐습니다. 미국의 대통령 윌슨은 전후 세계 평화와 국제 협력을 강화하고자 여러 조항을 제시했는데요, 이를 바탕으로 공정하고 지속 가능한 평화조약을 체결하고자 했습니다. 민족자결 원칙과 같은 이상주의적인 원칙을 강조하며, 강대국들의 제국주의적 야망을 억제하고 전후 세계 질서를 새롭게 구축하려 한 것입니다.

그러나 영국과 프랑스는 윌슨의 이상주의적 접근을 수용하기보다 자신들의 현실적인 이해관계를 우선시했습니다. 결국 프랑스가 주도한 파리 강화회의는 미국이 원하는 방향과 다르게 진행되었죠. 최종적으로 독일에게 2,700억 마르크에 달하는 배상금을 부과하는 것으로 결정되었습니다.

독일에게 부과한 배상금 문제

2,700억 마르크는 당시 독일 경제로는 감당하기 어려운 액수였습니다. 독일이 제안한 500억 마르크와 큰 차이가 있었고요. 사실 연합국들은 독일이 이 금액을 지불할 수 없다는 걸 잘 알고 있었습니다. 그러나 전후 복구 비용을 충당하고 독일을 약화시키고자 강력한 압박을 가한 것이었죠.

그 결과 독일은 전후 엄청난 경제적 어려움을 겪었습니다.

1920년대 초반에 이르자 엄청난 인플레이션이 발생해 경제 전체가 마비될 지경에 이르렀죠. 독일 국민은 극심한 생활고에 시달렸고 곧 정치적 불안정으로 이어졌습니다.

이때 영국의 경제학자 존 메이너드 케인즈는 독일의 경제 회복이 유럽 전체의 경제 안정을 위해 필수적이라고 주장합니다. 그는 독일이 경제적으로 회복해야 영국을 비롯한 다른 국가들도 이익을 얻을 수 있으며, 단순히 배상금을 받는 것보다 더 중요하다고 강조했죠. 이러한 주장에 따라 영국은 결국 독일에 대한 배상금 요구를 포기하고 말았습니다.

이에 독일은 자신감을 얻어 모든 배상금 지불을 무기한 연기해 달라고 요구했고, 그 때문에 프랑스와의 갈등이 격화되었죠. 1923년, 급기야 프랑스는 독일의 주요 공업지대인 루르 지방을 점령합니다. 루르 지방에서 독일의 자원을 직접 확보해 배상금을 충당하려는 의도였고요.

그러나 이 조치는 국제적으로 큰 논란을 불러일으켰습니다. 영국과 미국은 프랑스의 행동을 인정하지 않았고, 결국 프랑스가 국제 무대에서 고립되는 결과를 초래하고 말았죠.

프랑스는 국제 사회의 압력에 굴복해 배상위원회에 다시 참석할 수밖에 없었고, 이 시점에서 협상의 주도권은 프랑스에서 미국으로 넘어가 있었습니다.

미국의 재무장관 찰스 도스는 독일의 경제를 회복시키기 위한 새로운 배상금 지불 계획인 '도스 안'을 제안합니다.

이 계획은 독일이 경제적으로 회복할 수 있도록 배상금 지불을 재조정하고 독일의 산업 기반을 재건하는 데 중점을 뒀죠. 도스 안에 따라 독일은 미국과 영국으로부터 대출을 받아 경제를 회복할 수 있게 되었습니다.

그러나 도스 안이 실행되는 동안에도 독일은 계속해서 배상금 지불을 부담스럽게 여겼고, 1929년에 이르러선 배상금 지불 조건의 추가 완화를 요구했습니다.

이에 따라 미국의 금융가 오언 영이 주도한 '영 안'이 제안됩니다. 영 안은 독일의 배상금 지불 의무를 한층 더 완화하고 독일 경제에 대한 제재를 줄이는 방향으로 설계되었죠.

그러나 이 계획이 채택되기 직전, 1929년에 미국에서 대공황이 시작되면서 상황은 급변합니다. 전 세계 경제가 침체에 빠지면서 영 안은 결국 실행되지 못했습니다.

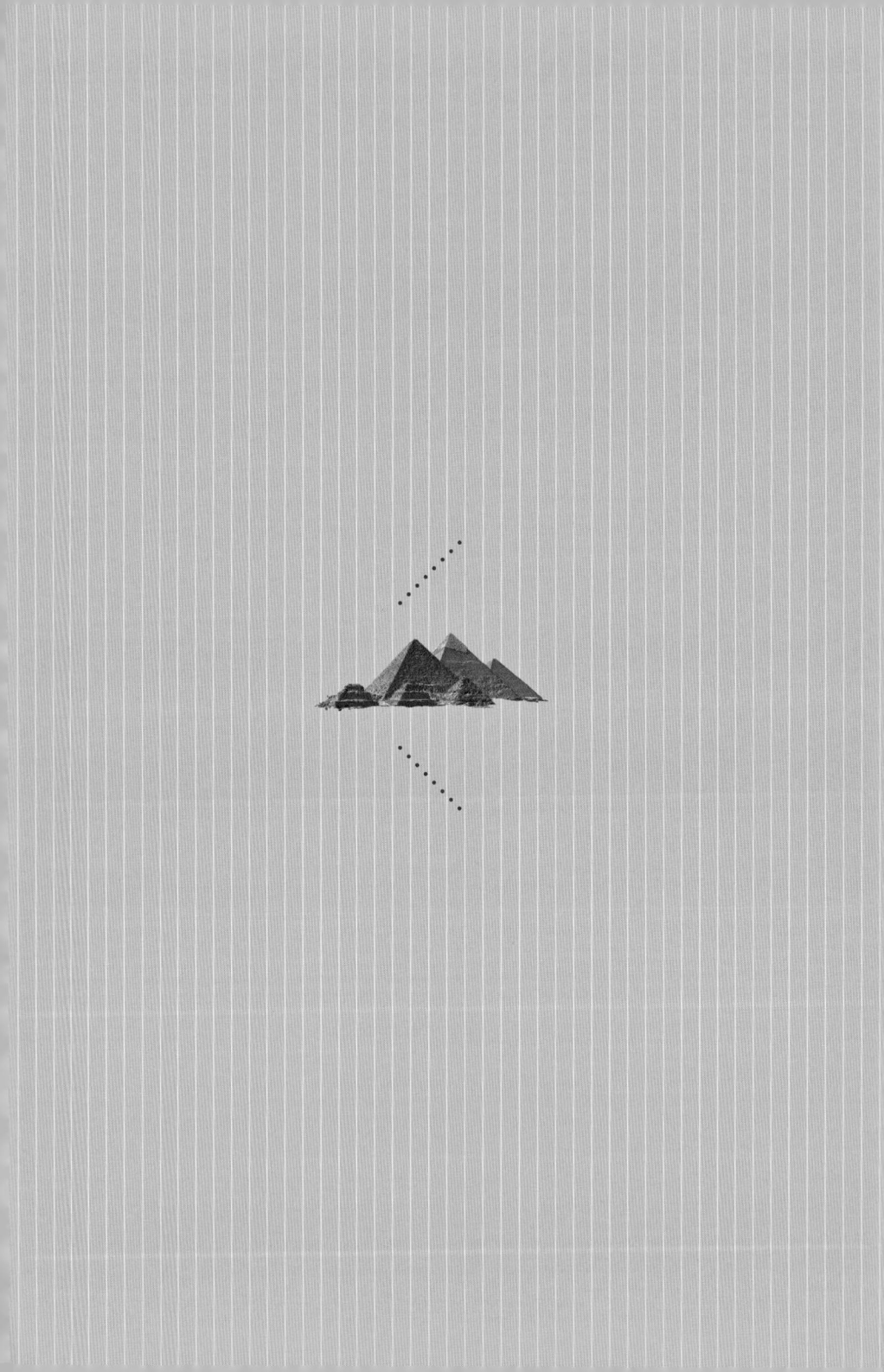

5부

혼란한 파국과 황금의 현대 유럽사

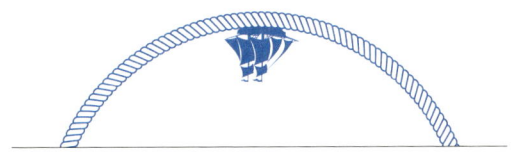

세계 최초의 공산주의 국가가 탄생하기까지

1856년 크림 전쟁에서 서유럽 국가들에게 패한 러시아는 제국 근대화를 위한 필수 개혁을 추진해야 한다는 압박을 받습니다. 알렉산드르 2세는 이를 반영해 농노 해방령을 발표하죠. 영주들에게 얽매여 산업화에 나서지 못했던 노예들은 풀려났고요. 그렇게 농민들은 자유를 얻었지만 토지를 사야 했기 때문에 경제적으로 어려운 상황은 지속되었죠. 이후 알렉산드르 2세는 사법, 행정, 군대 개혁 등을 추가로 추진했지만 기득권층의 반발만 샀습니다. 급진적 개혁을 원하는 세력도 불만을 표출했고요.

그는 결국 급진적 사회주의 단체인 인민의 의지당에 암살당하고 말았습니다. 이후 즉위한 그의 아들 알렉산드르 3세는 아버지의 암살을 보며 전제군주제를 강화하는 노선으로 선회합니다. 언론과 정치 활동을 탄압하고 비밀 경찰을 강화했으며 소수민족을 억압했죠. 농민, 노동자들의 불만이 커져갔고 마르크스주의 운동이 확산되기 시작했습니다.

1894년 알렉산드르 3세가 건강 악화로 사망하고 장남 니콜라이 2세가 즉위합니다. 그는 각종 개혁 요구를 묵살하고 아버지에 이어 강력한 전제 정치를 이어갔죠. 그러던 중 1904년 러일전쟁이 발발했는데, 유대인 자본의 도움을 받은 일본이 선전하면서 러시아가 전쟁에서 패하고 말았습니다.

1905년 미국의 시어도어 루스벨트 대통령의 중재로 미국 포츠머스에서 포츠머스 조약이 체결되었습니다. 러시아는 일본에게 한반도에서의 우월권을 인정했고, 아울러 요동반도 조차권과 창춘에서 뤼순에 이르는 만주철도와 관련된 특권을 일본에게 넘겨야 했습니다.

러일전쟁은 러시아와 일본이 싸웠지만 전쟁 결과로 정작 청나라의 땅을 주고받은 보기 드문 모습이었습니다. 그 과정에서 러시아는 전비를 조달하고자 노동자와 농민에게 세금을 부과했는데, 그 돈은 모두 군수 산업에 치중되었고 기타 산업은 침체될 수밖에 없었습니다. 결과적으로 물가가 폭등하고 식량 부족에 시달리며 노동자와 농민의 비난과 분노가 치솟았습니다.

1905년의 러시아혁명

1905년 1월, '피의 일요일 사건'이 터지면서 민중이 폭발했습니다. 노동자들의 시위에 차르 군대가 발포하면서 수백 명이 사망하는 피의 일요일 사건이 일어났고 이후 대규모 반정부 운동이 펼쳐졌으니, 이를 1905년 혁명이라고 합니다.

차르는 무력으로 진압하려 했지만 완전히 막진 못했습니다. 곧 니콜라이 2세는 일부 개혁을 약속했고 1905년 10월 선언으로 입헌군주제가 도입되지만, 형식적 조치였을 뿐 근본적 변화는 아니었습니다. 결국 1905년 혁명은 완전한 체제 변환을 이끌지 못한 채 실패로 돌아갔습니다.

이후 제1차 세계대전이 일어나는 1914년까지 러시아는 점진적 발전을 이뤄냈습니다. 그러나 노동자들의 노동 환경은 여전히 개선되지 못했고 저임금도 지속되었죠.

이에 사회주의 운동가들이 노동자 조직을 구성하며 정치 활동을 강화했습니다. 그러던 중 제1차 세계대전이 발발했고 러시아는 연합국 측으로 전쟁에 가담합니다. 하지만 물자 부족, 사기 저하 등 여러 이유로 전투에서 연속적으로 패배하며 정치적 혼란만 가중될 뿐이었습니다.

전쟁이 장기화되자 10년 전 러일전쟁 때 일어났던 사회 문제

2월 혁명 도중 네프스키 대로에서 현수막을 들고 있는 시위대의 모습

들이 다시 한번 러시아를 덮칩니다. 노동자와 농민은 생존의 위기에 몰렸고, 병사들도 전쟁에 피로감을 느끼며 군대 내에서마저 혁명적 분위기가 확산되었죠.

제1차 세계대전이 막바지로 치닫던 1917년 2월 다시 한번 혁명이 일어났고 니콜라이 2세는 퇴위할 수밖에 없었습니다. 그렇게 러시아 제국은 붕괴되었습니다.

2월과 10월의 러시아혁명

2월 혁명은 국제 여성의 날(2월 23일)에 페트로그라드에서 여성 노동자들이 식량 부족에 대한 항의로 시위를 벌이면서 시작되었습니다. 시위는 대규모 노동자 파업으로 확산되었는데요, 이에 차르가 진압 명령을 내렸지만 일부 군대가 명령을 거부했을 뿐만 아니라 오히려 시위대에 합류합니다.

3월 2일 니콜라이 2세는 퇴위할 수밖에 없었고 왕조는 붕괴되고 말았습니다. 이후 권력은 두 개 기관이 나눠 가집니다. 하나는 알렉산드르 케렌스키가 중심이 된 부르주아 세력인 임시정부였고, 다른 하나는 노동자 병사 중심의 소비에트(볼셰비키) 진영이었죠.

공식 정부는 임시정부였습니다. 그러나 그들은 대중의 기대를 저버리고 연합국과의 관계를 고려해 전쟁 지속을 선언했죠. 아울러 토지 개혁을 원하는 농민들의 요구를 외면합니다. 치솟는 물가와 증가하는 실업률도 막아내지 못했고요.

민중은 점차 급진적 사회주의 세력인 볼셰비키를 지지하기 시작했습니다. 드디어 4월 3일 "모든 권력을 소비에트로!"를 외치며 블라드미르 레닌이 귀국하고, 곧 4월 테제를 발표하며 '전쟁 중단, 토지 개혁, 공장노동자 통제, 소비에트 권력 장악'을 외쳤습니다.

    7월에 볼셰비키의 봉기가 있었지만 실패했고, 레닌은 핀란드로 도피해야 했죠. 8월에는 장군 라브르 코르닐로프가 쿠데타를 시도했고, 케렌스키는 볼셰비키에 도움을 요청합니다. 덕분에 무장한 볼셰비키는 임시정부를 지켜주며 민중의 신뢰를 확보할 수 있었습니다. 10월 7일 볼셰비키가 페트로그라드의 주요 시설을 장악함에 따라 임시정부가 붕괴하고 볼셰비키 정권이 수립되었죠. 러시아에 세계 최초로 공산주의 체제가 들어선 것이었습니다.

    레닌 정부는 즉각 독일과 휴전 협상에 돌입했고, 그 결과 러시아는 1918년 브레스트-리토프스크 조약으로 발트 3국 등 일부 영토를 반환했지만 제1차 세계대전에서 별 탈 없이 이탈할 수 있었습니다.

    전쟁 걱정이 없어진 러시아는 지주의 토지를 몰수해 농민에게 나눠줬습니다. 공장 운영도 노동자 소비에트가 감독했고요. 이에 반볼셰비키 세력(백군)이 서방 국가들의 지원을 받아 무장 봉기를 일으켰고 레닌의 적군이 맞섰습니다. 내전은 결국 백군의 패배로 끝났고 니콜라이 2세가 처형됨과 동시에 로마노프 왕가는 붕괴하고 맙니다. 1922년 소비에트 사회주의 공화국 연방(소련)이 공식 수립되며 러시아혁명은 막을 내렸습니다.

1919년 국제 공산당 조직인 코민테른이 결성되었는데요, 소련은 코민테른을 통해 각지의 공산혁명을 지원했죠. 중국을 비롯해 헝가리, 독일 등지에서 공산주의 운동이 활발히 진행되었습니다.

서방 국가들은 소련에 대항해 외교 고립 정책을 취하며 자국의 공산주의화를 견제했습니다. 그러나 전쟁이 끝난 지 얼마 지나지 않은 시점이었기 때문에 직접적 군사 개입은 하지 않았죠. 게다가 1930년대에 독일에서 나치(국가사회주의 독일 노동자당)가 등장하자, 서방 국가들은 소련을 봉쇄 대상에서 협력적 파트너로 수정해 인식하기 시작했습니다. 그렇게 소련의 공산주의 체제는 안정적으로 연착륙할 수 있었죠.

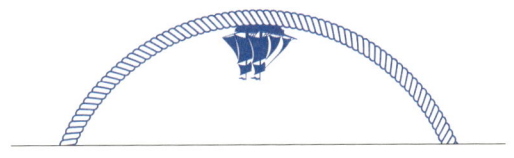

미국발 세계적인 경제 공황의 전말

제1차 세계대전으로 유럽은 잿더미가 되었습니다. 그러나 미국은 전쟁 후 유럽 재건에 투자하며 엄청난 부를 축적했죠. 유럽의 경제적 혼란과 파괴 속에서 미국은 새로운 글로벌 경제 강국으로 떠오른 것입니다.

이제 세계사의 중심이 대서양을 건너 미국으로 옮겨졌습니다. 뉴욕 증권거래소는 세계사의 중심으로 우뚝 선 미국 경제의 번영을 상징했고요. 주식시장은 호황을 지속했고 증권거래소는 주식을 사려는 투자자들로 붐볐습니다.

1920년대는 미국 경제의 황금기였고 미국의 경제 성장과 번영은 영원할 것 같았습니다.

그러나 언제까지나 호경기가 계속될 순 없는 법, 1925년부터 건설 산업이 하락세로 접어들며 경제 전반에 심각한 영향을 미쳤습니다. 건설업의 침체는 공업 생산량의 감소로 이어졌고 소비자 수요도 감소하기 시작했죠. 기업들은 재고가 쌓이기 시작했고 생산 둔화로 이어졌습니다.

미국 경제가 붕괴하다

1929년 초에는 이미 많은 경제 전문가들이 미국 경제의 거품이 꺼질 거라고 경고했습니다. 결국 1929년 10월 24일에 대공황이 시작되었으니, '검은 목요일'이라고 불립니다.

수많은 사람이 일시에 주식을 팔아치우기 시작했고 주식 시장은 급락했습니다. 투자자들은 막대한 손실을 입었죠. 주식 시장 붕괴는 금융 시스템 전체에 큰 충격을 던졌습니다.

미국 경제는 심각한 불황으로 빠져들었죠. 물건을 사려는 사람들이 급격히 줄어들자, 상점과 공장은 팔리지 않는 물건들로 가득 차기 시작했습니다. 재고가 넘쳐나자 공장들은 가동을 멈추기 시작했고요.

그 결과 수많은 노동자가 해고당합니다. 실업률은 급격히 상

1929년 월스트리트 대폭락 후
월 스트리트와 브로드 스트리트의 교차점에 모여든 군중

승했고 사람들은 생계 유지조차 어려워졌죠.

　미국은 더 이상 유럽에 투자할 여력이 없어졌습니다. 자국에서조차 팔리지 않는 물건이 쌓여 있는 상황이니 유럽에서 물건을 수입하는 것도 어려워졌죠.

　미국에서 시작된 공황은 곧 유럽을 비롯한 전 세계로 퍼져나갔습니다. 세계 무역 규모는 급격히 축소되었고 각국 경제는 깊이를 알 수 없는 수렁으로 빠져들었죠.

파괴적 경제 혼란 속에서 영국은 자국의 경제를 보호하고자 파운드 블록을 형성했습니다. 영연방 국가들만을 대상으로 파운드화를 사용하는 경제권을 구축했죠. 블록 내에서만 자유무역을 허가하며 자국 경제를 방어한 것입니다. 대공황으로부터 벗어나기 위한 자구책이었지만 국제 경제 관계는 더욱 경색되고 있었습니다.

이에 대응해 미국은 달러 블록, 독일은 마르크 블록, 프랑스는 프랑 블록을 각각 형성하며 보호무역주의를 강화해야 했습니다. 블록 간 무역전쟁이 격화되었고 세계 경제는 고립주의로 치닫고 있었죠.

케인스의 큰 정부, 루스벨트의 뉴딜

이러한 상황에서 다시 한번 존 메이너드 케인스가 등장합니다. 케인스는 대공황의 원인을 공급 과잉과 수요 부족으로 진단하며, 공장에 물건은 많지만 소비해줄 사람이 없기 때문에 경제가 침체되었다고 분석했습니다.

사람들은 소비할 돈이 없기 때문에, 케인스는 정부가 적극적으로 개입해 소비를 촉진해야 한다고 주장하는 한편 정부가 도로 건설, 공공 시설 확충 등 국가 기반 시설에 대한 투자를 늘려야 한다고 주장했습니다.

이를 통해 많은 노동자가 일자리를 얻고 소득을 얻은 사람들이 다시 소비를 늘리면, 경제는 선순환 구조를 만들어낼 수 있을 거라고 봤습니다. 케인스의 이론은 당시 경제계에 큰 영향을 미쳤습니다.

미국의 프랭클린 D. 루스벨트 대통령이 추진한 뉴딜 정책도 같은 맥락에서 파악할 수 있습니다. 뉴딜 정책은 대규모 공공사업으로 실업 문제를 해결하고, 경제를 활성화하려는 목적으로 재정 지출을 대폭 확대하는 정책이었죠.

루스벨트가 케인스의 이론에 영향을 받은 건 아니지만 그와 비슷한 원칙에 따라 경제를 회복시키려 했습니다. 뉴딜 정책은 미국 경제에 일부 긍정적 영향을 미쳤으나 대공황을 완전히 극복하는 데는 한계가 있었죠.

학자들은 뉴딜 정책보다 제2차 세계대전의 발발이 미국의 대공황 탈출에 더 큰 기여를 했다고 주장합니다. 전쟁이 발발하면서 대규모 군수품 생산이 필요해졌고 미국 경제에 큰 활력을 불어넣었다는 것입니다.

군수 산업의 발달로 실업률이 급감했고 경제는 빠르게 회복되었습니다. 전쟁이 끝날 무렵, 미국은 세계 최대의 경제 대국으로 자리 잡을 수 있었죠.

한편 전쟁 배상금으로 극심한 경제적 어려움을 겪고 있던 독일에선 아돌프 히틀러가 정권을 잡았습니다. 히틀러는 1933년 독일 총리로 임명된 후, 독일 제국의 부활을 목표로 삼았죠.

그는 집권 후 공산주의자, 노동자, 지식인, 종교인 등 자신에게 반대하는 모든 사람을 탄압하며 정치적 반대 세력을 제거하고 독재 정권을 구축했습니다.

히틀러의 이러한 통치 방식을 '전체주의'라고 부릅니다. 국가 권력을 철저히 장악한 상태에서 국가 통치자의 목적에 맞게 국민의 삶을 통제하는 정치 체제죠.

히틀러는 국가 주도로 군수품 생산을 대폭 확대했는데, 이는 대규모 재정 지출을 수반했습니다. 그가 실행한 독일 경제 회복 전략이었죠. 히틀러의 정책은 케인스의 이론과 유사한 면모를 보였지만 군수 산업에만 집중되었고 그 결과 군수 물자가 과잉 생산되었습니다.

증가하는 군수 물자를 창고에 쌓아둘 수만은 없었고 외부로 쏟아부어야 했죠. 그렇게 히틀러의 군비확장 정책은 제2차 세계 대전의 발발로 이어졌습니다.

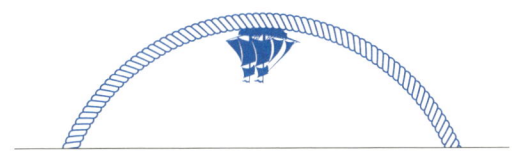

인류 역사상 최대 규모의 전쟁이 끼친 영향

제2차 세계대전의 시작 시점에는 여러 견해가 있습니다. 유럽이 아닌 중일전쟁을 시작으로 보는 시각도 존재하죠. 중일전쟁은 일본이 중국을 침략하며 아시아에서의 확장을 본격화한 전쟁으로, 이후 태평양 전쟁으로 이어지며 일본은 무조건 항복할 때까지 아시아 전역에서 정복 전쟁을 벌였습니다.

각설하고 전쟁의 범위를 아시아 전역으로 확장하기보다 유럽 전선에 초점을 맞춰 제2차 세계대전을 들여다보도록 하겠습니다.

제2차 세계대전의 시작

제2차 세계대전의 유럽 전선은 1939년 9월 1일, 독일의 지도자 아돌프 히틀러가 폴란드를 기습 침공하면서 본격적으로 시작되었습니다. 히틀러는 선전포고도 없이 폴란드의 국경을 넘으며 독일군을 투입했죠.

이 침공은 소련의 지도자 이오시프 스탈린과 독일이 맺은 독소 불가침 조약에 기반을 두고 있었습니다. 독소 불가침 조약은 독일과 소련 양국이 서로를 침공하지 않겠다는 약속일 뿐만 아니라 폴란드를 분할 점령하겠다는 비밀 협정을 포함하고 있었죠. 그 결과 폴란드는 순식간에 독일과 소련에 의해 분할 점령되었습니다.

폴란드 침공 이후, 영국과 프랑스는 독일에 선전포고했지만 초기 대응은 매우 늦었습니다. 당시 미국은 제1차 세계대전에서 얻은 교훈을 바탕으로 유럽의 전쟁에 깊이 개입하지 않으려 했으니, 고립주의 외교 정책을 유지하고 있었던 것입니다. 이러한 상황 속에서 제2차 세계대전이 시작되었죠.

폴란드 점령이 끝난 뒤, 히틀러는 서부 전선으로 눈을 돌렸습니다. 1940년 독일군은 북유럽과 서유럽의 여러 국가를 차례로 침공하는데요, 4월에는 노르웨이와 덴마크가 독일군의 침략

1939년 9월 1일, 독일 국방군 병사들이 독일-폴란드 국경의 폴란드 측 국경초소를 허무는 모습

을 받았습니다. 그 후 독일군은 서부 전선으로 진격해 네덜란드, 벨기에, 프랑스까지 신속하게 점령했습니다.

프랑스는 6주 만에 항복하며 독일의 지배하에 놓였습니다. 영국만이 유럽에서 독일에 맞서 싸우는 유일한 국가로 남았죠. 그동안 발칸반도와 남유럽의 국가들 또한 독일과 그 동맹국들의 침공을 받았고요. 이로써 유럽 대륙 대부분이 독일의 지배 아래 놓이게 되었습니다.

영국은 독일의 강력한 공세에 맞서 전쟁을 벌였습니다. 특히

1940년, 영국 본토 항공전에서 독일 공군의 공격을 막아냈죠. 영국은 윈스턴 처칠 총리의 지도 아래 결코 항복하지 않겠다는 결의를 다졌고, 독일은 영국 본토를 침공하지 못한 채 작전을 중단할 수밖에 없었습니다.

히틀러는 유럽 전체를 통제하고자 또 다른 야망을 품고 있었는데요, 동쪽으로 눈을 돌려 1941년 6월 22일 소련 침공을 시작합니다.

이 전격적인 작전은 바르바로사 작전으로 알려져 있습니다. 인류 역사상 가장 큰 규모의 침략 중 하나죠. 독일군은 예상치 못한 기습 공격으로 소련의 넓은 영토를 빠르게 점령하며 쾌속으로 진격합니다.

소련은 전쟁 초기 큰 피해를 입었지만 스탈린의 지도 아래 빠르게 전열을 정비합니다. 소련군은 대규모 동원령과 산업 전환으로 전쟁 지속 능력을 유지할 수 있었습니다.

독일군은 모스크바 외곽에 도달하지만 지친 병사들과 혹한의 날씨로 더 이상 진격하지 못했습니다. 공급선이 길어지면서 전투 능력도 급격히 약화되었고요.

1941년 말, 독일군은 결국 모스크바를 함락하지 못한 채 후퇴하고 말았습니다.

제2차 세계대전의 결정적 분수령

전쟁 상황이 역전된 결정적 사건은 1942년에 일어난 스탈린그라드 전투였습니다. 제2차 세계대전의 분수령이었다고 할 수 있겠는데요, 이 전투에서 독일군은 치명적인 패배를 당했습니다.

하지만 스탈린그라드 전투는 독일뿐만 아니라 소련에게도 엄청난 인명 피해를 초래했습니다. 독일군은 막대한 손실을 입고 후퇴했고, 소련군은 반격을 시작해 독일군을 서서히 몰아내기 시작했죠.

동부 전선에서 독일이 큰 손실을 입고 있는 동안, 서부 전선에서도 전황이 변하기 시작했습니다. 1944년 6월 6일 연합군이 노르망디 상륙작전을 감행했는데, 역사상 가장 큰 규모의 상륙작전이었습니다.

드와이트 D. 아이젠하워 장군이 이끄는 연합군이 프랑스 노르망디 해안에 상륙해 독일 점령 지역으로 진격했죠. 서부 전선의 분수령이었다고 할 수 있겠는데요, 연합군은 이내 프랑스를 해방시키고 독일 본토를 향해 진군할 수 있었습니다.

1945년 3월, 연합군은 기어코 독일 서부 국경을 넘었고 4월에는 소련군이 동부에서 독일로 진격하며 베를린 전투를 시작했습니다. 결국 독일은 동서 양면에서 압박을 받으며 패배가 확실시되었죠.

연합군의 압박 속에서 히틀러는 1945년 4월 30일, 베를린에 있는 그의 지하 벙커에서 자살하고 말았습니다. 히틀러의 자살 이후 독일군은 급속히 무너졌죠.

1945년 5월 7일, 독일은 항복 문서에 서명했고 5월 8일에 공식적으로 유럽 전역에서 제2차 세계대전이 종료되었습니다.

전후 처리를 두고 엇갈리는 시선들

두 번의 세계대전을 일으킨 독일을 어떻게 처리할 것인가는 전후 질서에서 가장 중요한 문제 중 하나였습니다.

제1차 세계대전 이후 독일이 다시 군사적 팽창을 시도하며 제2차 세계대전을 일으킨 것처럼 이번에도 독일을 효과적으로 관리하지 못하면 또다시 유럽의 평화가 위협받을 수 있다는 우려가 팽배했습니다.

루스벨트는 독일을 분할하고, 그들에게 무거운 배상금을 부과해 다신 군사적 위협이 되지 않도록 해야 한다고 생각했습니다. 독일을 약화시키는 것만이 유럽의 평화를 유지하는 데 필수적이라고 믿은 것이죠.

그러나 그는 1945년 4월, 뇌출혈로 갑작스럽게 사망하고 부통령이었던 해리 트루먼이 대통령직을 이어받았습니다. 트루먼은 루스벨트와는 다른 시각을 갖고 있었죠.

그는 독일 문제보다 소련의 팽창을 막는 게 더 시급하다는 판단하에 제2차 세계대전 후 동유럽의 소국들이 소련의 영향권에 들어가는 걸 막고자 소련을 견제하는 데 집중해야 한다고 생각한 겁니다. 트루먼은 독일을 지나치게 약화시키는 것보다 어느 정도 힘을 가진 국가로 남겨둬 서유럽에서 소련의 서진을 저지하는 방패막이가 되게 하는 것이 더 중요하다고 봤습니다.

처칠도 트루먼과 비슷한 견해를 갖고 있었습니다. 그는 독일이 완전히 무력화되면 소련이 유럽 대륙에서 더욱 강력해질 거라 우려했고, 독일을 어느 정도 재건해 서유럽의 균형을 맞추는 게 필요하다고 주장했죠.

처칠은 소련의 확장에 대한 경계를 강화하고자 독일을 완전히 무너뜨리기보다 유럽의 정치적 균형을 유지할 수 있는 방법을 모색해야 한다고 생각했습니다.

반면 스탈린은 또 다른 시각을 갖고 있었습니다. 그는 회담에서 독일 문제에 대해 명확한 입장을 드러내지 않았지만, 독일이 다시 군사적 보복을 준비할 수 있다고 믿었습니다. 하여 독일을 철저히 통제하고 소련이 유럽에서 전략적 우위를 점하는 게

1945년 2월의 얄타 회담. 왼쪽부터 영국의 윈스턴 처칠, 미국의 프랭클린 D. 루스벨트, 소련의 이오시프 스탈린

중요하다고 생각했죠. 그는 소련이 유럽에서 적어도 일정 기간 동안 미국과 영국의 지원을 받으며 독일을 감시해야 한다고 주장했고, 특히 독일이 두 번에 걸쳐 러시아를 침략한 역사를 상기하며 강력한 군사적 대비가 필요하다고 주장했습니다.

1945년 2월, 얄타에서 열린 회담에서 미국, 영국, 소련의 세 지도자는 독일 문제를 포함한 전후 유럽의 재편에 대해 논의했습니다. 이 회담에서 루스벨트, 처칠, 스탈린은 독일을 분할해 점

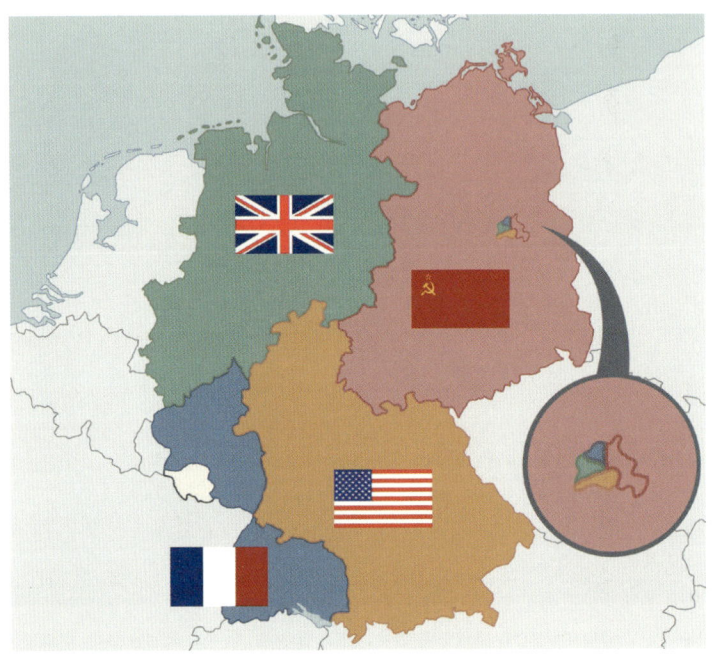

제2차 세계대전 후 연합군 점령하 독일

령하는 것에 합의했죠. 독일이 항복한 후, 연합국은 독일을 네 개 점령 구역으로 나눠 관리하기로 결정했고요. 이로써 미국, 영국, 소련, 그리고 프랑스가 각각 독일의 일정 지역을 점령하고 독일의 전후 재건과 통제를 담당하게 되었습니다.

독일이 1945년 5월에 항복한 후, 7월에 연합국 정상들이 독일의 포츠담에 모여 포츠담 회담을 열고 전후 처리에 대해 구체적으로 논의를 진행했습니다. 이 회담에서 독일의 분할 점령 구역을 확정하고 독일의 비군사화, 민주화, 비나치화 등의 계획을 구체화했죠. 독일은 네 개의 점령 구역으로 나뉘었고 베를린 역시 네 개의 구역으로 분할되었습니다. 이 구역은 미국, 영국, 소련, 프랑스가 각각 관리하기로 했고요.

오스트리아도 네 개의 점령 구역으로 나뉘었습니다. 독일과 서쪽으로 국경을 맞대고 있던 벨기에, 프랑스, 덴마크 등은 제2차 세계대전 이전의 국경선을 대부분 회복할 수 있었죠.

한편 독일의 동부 국경선은 크게 변했습니다. 포메른과 슐레지엔 지역은 폴란드에 할양되었고 동프로이센은 폴란드와 소련이 분할해 차지했죠. 그렇게 독일은 영토의 약 1/3을 상실하고 말았습니다.

소련은 1939년과 1940년 사이에 차지한 동유럽 지역에 대한 지배권을 유지할 수 있었습니다. 스탈린은 서유럽 국가들이 여러 차례 폴란드를 통해 러시아를 침략해 왔기 때문에, 동유럽을 소련의 영향권에 두는 게 불가피하다고 주장했습니다. 다분히 소련의 전략적 이해를 반영한 주장이었지만, 서유럽 국가들과 미국은 소련의 주장을 받아들일 수밖에 없었죠.

이제 미국과 유럽 외교의 주요 관심사는 소련의 팽창을 억제하는 데 맞춰집니다.

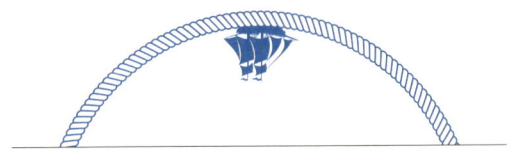

우리 시대를 만든 냉전은 끝나지 않았다

냉전 시대의 시작점

1947년, 미국은 공산주의 확산을 막고자 유럽에 군사적, 경제적 원조를 제공하는 트루먼 독트린을 발표합니다. 제2차 세계대전 이후 소련의 팽창에 대한 우려에서 비롯된 것이었죠.

트루먼 독트린은 공산주의로부터 자유민주주의 국가들을 보호하고자 미국이 직접 개입하겠다는 의지를 표명한 것이었는데, 구체적인 실천 방안으로 마셜 플랜이 등장합니다.

마셜 플랜은 미국이 전후 유럽의 재건을 지원하고자 대규모 경제 원조를 제공하는 프로그램이었습니다. 미국의 목표는 독일을 중심으로 유럽 경제를 부흥시켜, 공산주의의 확산을 방지하고 서유럽을 안정시키는 것이었고요.

유럽을 연방체제로 만들어 독일의 재무장을 막고, 중부 유럽을 소련으로부터 방어하는 걸 목표로 삼았습니다. 그러나 영국의 반대와 서유럽 국가들의 정치적 복잡성으로 구상은 실현되지 못했죠. 영국은 독일의 재무장을 우려하며 독일이 다시 군사적 위협이 될 가능성을 경계했습니다.

와중에 동유럽 국가들 중 일부가 보인 마셜 플랜을 향한 관심이 스탈린을 자극했습니다. 스탈린은 동유럽 국가들이 서방의 경제적 지원을 받는 걸 막고자 마셜 플랜에 대항하는 동유럽 경제상호원조회의(코메콘)를 창설하죠. 코메콘은 동유럽 국가들의 경제적 협력을 강화하고 소련의 영향력을 공고히 하기 위한 기구였습니다.

이에 미국은 소련에 대한 더욱 강력한 봉쇄 정책을 추진합니다. 1949년, 서방 국가들은 북대서양조약기구(나토)를 결성하죠. 나토는 서유럽 국가들과 북미 국가들이 소련의 위협에 대항해 군사적으로 협력하고자 창설된 집단 방어 기구였습니다. 참가국 중 일부가 공격을 받으면 모두가 공동 대응하기로 합의했고요. 나토는 이후 서방 세계의 중요한 군사 동맹으로서, 냉전 기간 동안 소련의 위협에 대처하는 주요 수단으로 작용합니다.

같은 해 5월 미국, 영국, 프랑스는 자신들의 점령지를 통합해 독일연방공화국(서독)을 건국합니다. 서독은 민주주의를 기반으로 한 국가로서 서유럽의 일원으로 빠르게 재건되기 시작했고, 이에 맞서 소련도 같은 해 독일민주공화국(동독)을 건국합니다. 이제 독일은 두 개의 국가로 쪼개진 것이었죠.

한편 나토에 대항할 만한 기구가 없었던 소련은 1955년에 바르샤바 조약기구를 창설해 동유럽 국가들과 군사 동맹을 맺습니다. 바르샤바 조약기구는 소련과 동유럽 공산국가들의 군사 협력을 강화하고 결정적으로 나토에 대항하고자 설립된 군사 동맹이었죠.

이로써 냉전은 경제적으로 마셜 플랜 대 코메콘, 군사적으로 나토 대 바르샤바 조약기구 간의 대립 구도로 심화됩니다.

냉전 시대는 제2차 세계대전 이후부터 소련이 붕괴될 때까지 미국과 소련 간의 총성 없는 전쟁 기간을 의미합니다. 군사적 충돌이 아닌 정치적, 경제적, 이념적 경쟁으로 양대 강국이 서로를 견제하며 세계 패권을 두고 다툰 시기였고요.

냉전 시대의 또 다른 핵심 국가는 독일이었습니다. 미국, 영국, 프랑스의 점령지가 하나로 통합되면서 건국된 서독은 라인강의 기적을 일으키며 1950년대에 급격한 경제 발전을 이뤘지만, 미국의 지원과 마셜 플랜 덕분에 가능한 것이었죠.

그러나 경제 성장은 군사력으로 이어질 가능성이 컸습니다. 독일이 20세기에 이미 두 차례나 큰 전쟁을 일으킨 전범 국가였다는 점은 미국을 비롯한 서방 세계에 큰 부담으로 다가왔죠. 소련을 견제하고자 서독의 성장을 용인했더니, 이제 서독 자체가 새로운 위험 요소로 부상하게 된 것이었습니다. 서방 국가들은 두 차례 세계대전의 악몽이 부활하는 걸 느끼며 불안감이 차오르는 걸 체감하지 않을 수 없었습니다.

여기서 잠시 시간을 과거로 돌려보겠습니다. 제2차 세계대전의 결과로 독일이 분할되었을 때, 독일의 수도 베를린도 동서로 분할되었는데요. 베를린은 독일의 동부에 위치하고 있었으니, 서베를린은 민주 진영에서 볼 때 섬과 같은 존재였습니다. 서독이 빠르게 경제 발전을 이루면서 동독과 서독, 그리고 동베를린과 서베를린 간의 생활 수준 차이가 점점 커졌습니다.

그 결과 동베를린 주민들이 서베를린으로 넘어가려는 시도가 일어나기도 했습니다. 위기감을 느낀 소련은 1961년, 서베를린에서 서방 군대의 철수를 요구하며 냉전의 긴장을 최고조로 끌어올렸죠.

미국의 존 F. 케네디 대통령은 서베를린을 포기하지 않겠다는 결의를 표명하며, 어떠한 희생을 치르더라도 서베를린을 수호할 것임을 선언했습니다. 이에 대응해 동독과 소련은 베를린

1961년 베를린 위기 중 10월 27일 찰리 검문소에서 대치하고 있는
소련과 미국의 탱크

주민들의 추가 이탈을 막고자 베를린 장벽을 건설했고요.

이 사건은 '1961년 베를린 위기'로 불리며 냉전의 상징적 사건 중 하나로 기록되었습니다. 그런가 하면 베를린 장벽은 냉전 기간 동안 동서 양측의 분단을 상징하는 대표적 구조물로 자리 잡았습니다.

냉전 시대의 새로운 국면

냉전은 1960년대 후반 들어 새로운 국면으로 접어들었습니다. 1968년 11월 미국 대선에서 공화당의 리처드 닉슨이 당선되었고, 1969년 7월 그는 괌에서 전격적으로 닉슨 독트린을 발표합니다.

핵심 내용은 미국이 앞으로 동맹국이나 우방국에 대해 직접적인 군사적 개입을 줄이고, 대신 그들이 스스로 방어할 수 있도록 지원하겠다는 것이었습니다. 미국은 베트남 전쟁에서 벗어나기 위한 탈출구를 찾고 있었고 닉슨 독트린은 이를 위한 중요한 정책 변화였죠.

미국의 정책 수정은 서독 총리 빌리 브란트에게 기회로 다가왔습니다. 그는 미국이 베트남 전쟁에서 발을 빼고 있는 사이 소련 및 동독과 화해를 추진했는데, 곧 '동방 정책'으로 불립니다. 동서독 관계 개선을 목표로 한 일련의 외교 정책이었죠.

브란트는 1970년 8월 소련과 모스크바 조약을 체결했고 그 결과 동독을 주권 국가로 인정합니다. 제2차 세계대전 이후 형성된 오데르-나이세 선을 폴란드와의 국경선으로 합의했고 동시에 무력을 사용해 국경선을 변경하지 않겠다고 선언하죠.

그해 12월, 브란트는 폴란드와도 유사한 내용의 조약을 체결

1970년 12월 7일 폴란드 바르샤바 게토 유대인 추념비 앞에
무릎 꿇은 서독 총리 빌리 브란트의 모습

합니다. 이 협정은 동서 유럽 간의 긴장 완화와 독일 통일로 이어지는 중요한 전환점이었습니다.

또한 브란트는 나치 범죄에 대한 반성의 뜻을 표하며, 바르샤바 게토 유대인 추념비 앞에 무릎을 꿇었습니다. 이 상징적 행위는 전 세계에 큰 감동을 던졌습니다. 독일의 과거에 대한 진정한 반성과 화해의 의지를 보여주는 사건이었죠.

브란트의 동방 정책은 서독과 동독, 그리고 서유럽과 동유럽 간의 긴장을 완화하고 냉전의 대립 구도를 완화하는 데 크게 기여했습니다.

1972년 말, 서독과 동독 양측은 서로를 주권 국가로 인정하는 기본 조약을 체결합니다. 이 조약에는 동서독 간 공식적 외교 관계를 수립하고, 양국이 서로의 영토 주권을 인정하며 평화 공존을 추구할 것을 약속한 내용이 담깁니다. 동서독 관계에 있어 매우 중요한 진전으로, 양국이 국제 사회에서 독립된 주권 국가로 인정받는 계기가 되었죠.

고르바초프의 개혁개방 정책

1980년대에 들어서며 소련은 심각한 경제적, 사회적 문제에 직면했습니다. 계획 경제의 비효율성과 군사비 부담으로 심각한 경제 침체에 빠졌고 그 결과 사회적 불만이 점점 커졌죠.

이러한 상황 속에서 1985년 소련의 공산당 서기장으로 취임한 미하일 고르바초프는 소련의 문제를 해결하고자 페레스트로이카(개혁)-글라스노스트(개방) 정책을 추진하기 시작합니다.

페레스트로이카는 소련의 경제를 개혁해 시장 경제의 요소를 도입하고 경제적 효율성을 높이려는 시도였고, 글라스노스트는 정보와 표현의 자유를 확대해 사회를 개방하고 민주화를 촉진하려는 정책이었죠.

또한 고르바초프는 브레즈네프 독트린을 폐기함으로써 동유럽 위성국가들에 대한 불간섭을 선언합니다. 브레즈네프 독트린은 소련이 동유럽 국가들의 공산주의 체제를 보호하고자 무력을 사용할 수 있다는 원칙이었죠.

고르바초프는 각국이 스스로의 길을 선택할 수 있도록 허용했고 동유럽 국가들에서 민주화 운동이 활발히 전개되었습니다. 그 결과 공산주의 정권들이 차례로 붕괴하기 시작했죠.

1989년, 이러한 변화를 상징하는 사건이 일어납니다. 동독 정부는 서독으로의 이주를 제한하던 조치를 해제하기로 결정했고 그 결과 베를린 장벽이 무너진 것이죠.

수십 년간 독일과 유럽을 분단시킨 베를린 장벽의 붕괴는 냉전 종식을 상징하는 중요한 사건이었습니다. 그렇게 독일은 통일을 향한 길을 걷기 시작했고 1990년 10월 3일 공식적으로 통일을 이뤘습니다.

고르바초프의 개혁 정책과 동유럽의 민주화 물결은 소련 내부에서도 큰 변화를 불러일으켰습니다. 소련 내 공화국들도 점차 자치권을 요구하며 독립을 추진하기 시작한 것이죠.

페레스트로이카를 기념한 소련의 우표

결국 1991년 12월 25일, 고르바초프는 소련 대통령직을 사임했고 소련은 공식적으로 해체되었습니다. 열다섯 개의 독립국가들로 분열된 소련의 붕괴는 냉전의 완전한 종식을 의미했습니다.

냉전이 끝나면서 미국은 전 세계의 유일한 초강대국으로 남았습니다. 소련 붕괴 이후 미국은 군사적, 경제적, 정치적으로 세계의 주도권을 획득했고, 21세기 초반까지도 미국의 압도적 지위는 유지되고 있습니다.

여전히 남아 있는 냉전의 유산

✳

냉전의 유산은 여전히 남아 있습니다. 오늘날의 국제 질서와 갈등의 많은 부분이 이 시기에 형성된 배경에서 비롯되었죠. 대표적으로 2022년 발발한 러시아-우크라이나 전쟁은 우크라이나가 나토 가입을 추진하자 러시아가 용납할 수 없다고 주장하면서 시작되었습니다. 냉전 질서의 산물인 나토가 여전히 국제 사회에 영향을 주고 있다는 증거입니다.

한편 냉전 시대는 군사적 대립뿐만 아니라 경제적 경쟁과 혁신의 시기이기도 했습니다. 냉전 기간 동안 이뤄진 우주 개발이나 정보기술의 혁신 등 과학기술의 발전은 오늘날의 세계를 형성하는 중요한 요소로 작용하고 있습니다.

또한 냉전의 경험은 국제 관계에서 협력과 대립, 경쟁의 복잡성을 보여줬습니다. 현대 외교와 국제 정치의 중요한 교훈으로 남아 있죠.

냉전 시대를 지나며 세계는 다극화된 국제 질서 속에서 새로운 도전에 직면하고 있습니다. 냉전 이후에도 지역 갈등과 신흥 강국의 부상, 국제 테러리즘 등 새로운 형태의 위협이 등장하고 있기 때문이죠. 이러한 문제들을 해결하기 위한 국제 사회의 협력과 대화가 어느 때보다 중요한 시점입니다.

저스티스의
한 뼘 더 깊은 세계사
: 유럽 편

초판 1쇄 발행 2025년 4월 30일
초판 2쇄 발행 2025년 5월 7일

지은이 | 윤경록
펴낸곳 | 믹스커피
펴낸이 | 오운영
경영총괄 | 박종명
편집 | 김형욱 최윤정 이광민
디자인 | 윤지예 이영재
마케팅 | 문준영 이지은 박미애
디지털콘텐츠 | 안태정
등록번호 | 제2018-000146호(2018년 1월 23일)
주소 | 04091 서울시 마포구 토정로 222 한국출판콘텐츠센터 319호(신수동)
전화 | (02)719-7735   팩스 | (02)719-7736
이메일 | onobooks2018@naver.com   블로그 | blog.naver.com/onobooks2018

값 | 22,000원
ISBN 979-11-7043-632-4 03900

* 믹스커피는 원앤원북스의 인문·문학·자녀교육 브랜드입니다.
* 잘못된 책은 구입하신 곳에서 바꿔 드립니다.
* 이 책은 저작권법에 따라 보호받는 저작물이므로 무단 전재와 무단 복제를 금지합니다.
* 믹스커피는 독자 여러분의 소중한 아이디어와 원고 투고를 기다리고 있습니다. 원고가 있으신 분은
  onobooks2018@naver.com으로 간단한 기획의도와 개요, 연락처를 보내주세요.